BREF
RECVEIL DES

CHOSES RARES, NO-
TABLES, ANTIQVES, CI-
tez, Forteresses principales
d'Italie.

Auec vne infinité de particularitez
dignes d'estre sçeuës.

Le tout veu, descrit, & recueilly par IEAN AN-
TOINE RIGAVD, Escuyer de la ville de
Barjoux, en son voyage de l'an Sainct
1600. Et par luy
Dedié à Monseigneur le Comte de Carces.

A AIX,
Par IEAN TOLOSAN, Imprimeur du Roy,
& de ladite ville.

1601.

AMONSEIGNEVR,
Messire Gaspard de Ponteües, Comte de Carces, Conseillier du Roy en son Conseil priué, Capitaine de cinquante hommes d'armes de ses Ordonnances,& grand Seneschal pour sa Maiesté en ce pays de Prouence.

MONSEIGNEVR, Ayant desseigné auec le sieur de Valcroissant mon cousin, d'aller visiter les sainctes citez de Rome & Lorette, pour y gaigner (assistez de la grace de Dieu) l'Indulgence du grand Iubilé de l'an 1600. Nous prismes encor volonté en ce mesme voyage & commodité de voir l'Italie, & en particulier les citez plus notables, ses

A 2

EPISTRE.

iours & Festes solemnelles , antiques &
raretez du passage , afin d'en pouuoir rapporter vne memoire seulement aux nostres,
de ce que nous remarquerions meritoire, &
non à intention d'en publier par liure imprimé nostre labeur. Ne faisant estat que
de retenir briefuemēt par escrit ce que nous
iugerions d'auantage important: Mais nostre curiosité s'augmentant par la veuë
iournaliere des choses rares dont l'Italie,
parterre du monde est si bien richement,
& superbement munie. Fist que ie prins cōme par inuentaire tout le plus precieux, iufques aux noms des riuieres, & nombre des
arcades des ponts , ou le loisir me le permet-
toit. Et parfaict nostre veu en heur & felicité dans six mois, sous la guide du condu-
cteur de ce tout : Vn iour que ie mettois au
net & rengeois le brouillar du memoire que
i'auois faict, y suruint quelques miens a-
mis, personnes qualifiees, les ayant veus,
me persuaderent & firent prendre resolu-

tion contre mon opinion, d'en radresser vn
petit liuret & le faire imprimer, m'asseu-
rant qu'il apporteroit du contentement à
ceux de ma patrie: & qu'il pourroit seruir
de lumiere au chemin d'autres curieux de
telle visite. Toutesfois i'estois arresté d'vne
irresolution à qui ie deuois le dedier. Il est
vray (Monseigneur) que soit pour les belles
singularitez: Qu'aussi parlant cōme ie fais
de la fortification & siette des fortes plá-
ces, qui conuient & peut plaire à vn grand
Capitaine tel que vostre grandeur, l'vn des
plus heureux & victorieux de cest aage. Et
neantmoins pour estre fils d'vn de vos
plus affectionnez & fidelles seruiteurs,
eu cest honneur de m'estre nourry dans
vostre très-illustre ancienne & resplan-
dissante maison, ce bien la d'auoir quelque
peu de familiarité à vostre grandeur: Ie me
suis disposé & m'ose permettre de vous le
presenter, reiettant à part les consideratiōs
d'incapacité & de bassesse qui m'ē deuroiēt

EPISTRE.

retenir, & le moins que rien de memoire,
que c'eſt à voſtre grand haut & cler nõ. Nõ
tant que ie me perſuade qu'il doiue plaire
au monde pour induſtrie, rareté ou verité
que i'y ay mis : Comme pour l'eſperance que
i'ay qu'il puiſſe eſtre agreable à voſtre
grandeur, & qu'elle le receura pour teſmoi
gnage certain de ma prompte võlõté à vous
rẽdre touſiours obeiſſant & inuiolable ſeruice, en ſemblable deuotiõ que ie prie le Crea
teur de la conſeruer en parfaicte ſanté, l'a-
croiſtre de tout honneur & felicité contentement, demeurant ſur ceſte foy

MONSEIGNEVR,

De voſtre lieu de
Cotignac ce der-
nier May 1601.

Voſtre tres-humble obeiſ
ſant bien fidelle & de-
uotionné ſeruiteur,
Iean Anthoine Rigaud.

AU LECTEVR.

Oyant le recueil que i'ay fait au voyage de l'an sainct mil six cens des choses rares, belles notables & antiques d'Italie: but, miroir, pallais, parterre, temple & honneur du monde, en toute sortes de magnificéces sainctes & prophanes, & ou les plus grands Monarques Capitaines & autre sorte de personnes vertueuses ont triomphé d'ancienneté & resseantemét, mesmes dans Rome : Il m'a semblé n'estre subiect, friuole ny despoüillé de merite: ains remarquable & resioüissant pour deuoir estre imprimé & publié par ce moyen à la France. M'en estant retenu toutesfois iusques auiourd'huy en contraire opinion, pour oster la commodité à l'oisiueté d'vn censeur d'y prendre de l'exercice : Mais de personnes meritantes ont fait rompre ce doute la. Et moy me representant ne l'auoir emprunté de nul, quel que soit, sinon par nostre veuë & mon seul trauail, ay resolu & en effect mis en lumiere ce mien petit liuret, n'en voulant esclorre pour vn Casannier qui peut-estre ne se sera bougé de son foyer, ignare, mauuais, ou enuieux censeur, vne infinité d'autres personnes dignes & capables de raison qui le receuront & verront tres-volontiers, & ne le condamneront sans m'ouyr. Or donc ie marque toutes les villes que nous auons veu, s'ils sont citez ou non. Sous qui, leur

fortification, Citadelles & fietes. Les formes des
places, baftimens d'Eglifes, Palais antiques. Les
raretez des iardins, fontaines, triomphes, trophees, & cerimonies des Feftes folemnelles. Le
Trefor arcenal fituation & garde de Venife. L'argenterie & baftiment noftre Dame de Lorette.
La forme de la fainte Chapelle, les infcriptions,
grauees és murs. Les corps Saints, & Reliques
plus fignalees, le nom des Ducs, leurs armes, le
temps depuis qu'ils font en regne. D'autre ay tra-
duiét d'Italien en François le tranfport de la S.
maifon de Lorette. L'antique fondation de Rome, auec l'an au marge qu'ont regné les Empereurs, Roys, & Pontiphes dont ie parle, Tiré du
Catalogne des Princes que i'ay apporté d'Italie,
Efcrits auffi pour auoir veu les antiques plus entieres en l'eftat qu'ils font de Rome, Cappoue, Veronne Poffoullo & autres villes, des lacs fleu-
ues, campagnes, monts, vallees, chemins villages
iournees, milles, ponts nombre des arcs, riuieres, leurs noms, & bref vne infinité de particularitez : Ayant mis à part les villages & chemins
des citez & chofes notables, tout de mefme que
nous les auons fuyuis. PRENS donc à gré Le-
éteur ce mien petit œuure, auec autant d'affe-
étion que ie te l'offre, & s'il y a du deffaut excu-
fe m'en s'il te plaift, parce qne ie l'ay fait ainfi, &
proprement comme fur le lieu. Ie l'auois defia
efcrit, feulement, depuis augmenté par moy des
traduétions aduis & glofe au marge, que i'ay eftimé y eftre conuenables, hors d'autre embellille-
ment, L'ayant mis au net, rangé & radreffé, fans
l'emprunt

l'emprunt ny affiftance de perfonne , afin qu'on
ne me peut reprocher que i'y ay eu de l'ay de.Car
le fieur de Valcroiffant n'a peu fçauoir ny voir
la compofition & imprimement de ce liure,ne y
apporter quelque adreffe & polliffeure de fon
cofté,pour eftre abfent de la prouince à la recher
che & acquifition des fciences,pour lefquelles
ie n'employa iamais deux ans aux eftudes à mon
grand regret,à quoy tu auras efgard,faifant comme les gens de bon fens qui mefurent eftiment
& iuftifient l'œuure meritante au pouuoir pro-
feffion & bonne volonté de celuy qui le faict.
A Dieu.

Autre Aduertiffement tref-neceffaire au Lecteur.

SCaches Lecteur , que tout ce que i'efcrits des
citez, forterefles, villages,antiques , iardins,
fontaines, Eglifes, fepulchres, places, pallais,or-
loges,cloches, grottes,fleuues, lacs,riuieres, infcriptions, trefors,corps Saints, ports d'arfenes,
& autres chofes notables , c'eft pour les auoir
bien veües & deüement vifitees.Et quád au nom
propre des antiques , ie les ay aprins les vns par
perfonnes doctes, d'Italie,& les autres des liures
dont ie fais mention, qui nous ont feulement
feruy de guide à la recherche d'icelles,fans m'arrefter ny efcrire fur ce qu'ils difent : Mais ce que
i'ay veu & trouué conforme. Car ce feroit vne
trop lourde faute,d'affeurer chofe que mes yeux
n'euffent eu la preuue. Et toutesfois fans fes li-

ures il ne s'en peut discourir que grossierement
& incertainement, ayant le vulgaire des lieux
ou elles sont corrompu le vray vocable, leur ruy.
ne y apportant beaucoup d'incertitude, & assez
de peine d'en sçauoir la verité : Reçoy donc ce
discours en tesmoin irreprochable, hayssant le
vice du censeur qui ne gaigne que du mal, & ne
laisse hors de ton souuenir ce que chacun dit,
qu'il est aysé à reprédre, & difficile à faire mieux.
Pour moy bien que l'œuure innesgal, ie ne puis
que me rapporter à ce qu'est marqué en la se-
maine de ce grand personnage Saluste; Voulant
qu'on sçache qu'il ne porte point d'enuie à ceux
qui feront mieux : Et encores suiure l'aduis du Sr
de Focheran, en son Image du grand Capitaine.
Ou pour preuenir le censeur donne quelque tes-
moignage de sa condition : Mais en fin se resoud
que la fortune qui peut tout, ne nous peut af-
franchir de calomnie : que la vertu nous peut
rendre exempts de la faute & nó pas du soupçon,
y adioustant du mien, que mon dire profere par
l'organe & escrit par la seule plume de la verité,
me peut bien garder de mentir non d'estre creu,
doubté ou reputé manteur : toutesfois cela ne ma
sçeu retenir, aduisant que les champs demeure-
roient sans culture, & ne se recueilleroit nul bled
si le laboureur s'arrestoit de semer par les pierres
espines, oyseaux, tempestes, & autres incóueniés
q́ y peuuét arriuer. De mesme si ceux q ont entre
pris ou entreprédrót à faire q́lque œuure eussent
aissé ou laissent à les publier & faire imprimer,
pour doute ou crainte d'estre censurez, le monde

auroit esté & seroit enueloppé obscurcy & couuert de l'hydeule ignorance. Nõ que ie veuille di
re que ce mien liuret apporte rien de clarté, ains
qu'il pourra seruir de quelque plaisir & delecta-
tion au Lecteur, & voire admiration pour les raretez & particularitez dont ie parle, qui ne sont
trop vsitees ny communes en France. Lis volon-
tiers ce que ie puis maintenant sans t'arrester à
mon rude stille, excusant la longueur de ces deux
aduertissemens, qui sont tres-necessaires, mesme
au temps miserable que nous sommes, ou l'a-
ueugle s'empesche de vouloir conduire le bien
voyant aux perilleux destroits, il est vray qu'il
est subiect de s'y precipiter, ne l'ensuis donc pas.

BREF
RECVEIL DES
CHOSES RARES NO-
tables, Antiques, Citez, Fortereſſes principales d'Italie, a-
uec vne infinité de par-
ticularitez dignes
d'eſtre ſçeuës.

Le tout veu deſcrit & recueilly par Iean An-
thoine Rigaud, Eſcuyer de la ville de Bar-
ioux, en ſon voyage de l'an ſainct mil ſix cẽs:
Et par iceluy dedié à Monſeigneur le Comte
de Carces.

L E premier abord a eſté à Nice
du Comté de Prouence, oc-
cupé par les Ducs de Sauoye,
Coté, Cite Eueſché, ou y a chaſteau inexpugnaale: & pour eſtre ville dõt
la particularité en eſt cõmune, ie n'en feray aucune deſcription: Vne demye lieue
dudit Nice y eſt Ville-frãche, ou a port &
d'Arſene pour galeres, chaſteau baſtion-
né& reueſtu de murailles, foſſé tout a l'en
tour, horſmis du coſté qui regarde& touche la mer, entre ces deux places ſur vn
mont vn chaſteau appellé Montauban,

Nice.
Montauban.
En l'ãnee 998.
fut premier
Côte de Sauoye
Bartholdo, &
y eut 15. Com
tes, & apres le
premier Duc A
madio en l'an
1398. & de-
duis iceluy dix
cõprins charles

B 3

Emanuel à pre-fent regnāt, qui fut courōné 1580

à quatre baftions reueftus auffi de murailles fans foffez qui fert de garde pour defcouurir les aduenues des deux forterefes, & par mer & par terre.

Mourgues appartenoit aux Geneuois.

MOVRGVES, Marquifat, forte-refe, fituee fur vn long large & haut rocher, precipice tout à l'entour, & la mer prefque tout de mefme, fors du cofté du palais du Marquis d'ou il eft dominé par vne petite montaigne, qui defcouure tout le de dans. Toutes-fois inexpugnable, y-a port formé par la forterefe, plus longne que large, ledit palais feparé quelque peu de la ville, re-leué muraillé en maifon de plaifance, ou y-a vne belle gallerie. Il ne s'y entre que par vne porte qui vife au port & Septen-trion, & fert au village & au chafteau qui la cōmande, pour eftre tout deffons d'i-celuy, Le Marquis eft de cafe Grimaide de Genes, fouuerain, fous la protection de l'Empire: cefte place appartenoit aux Geneuois: mais le gouuerneur de ladite Cafa s'en faifit & fit fouuerain,

Port.
Pallais.

Porte.

Saoune.

SAOVNE, cite, Euefché, & la prin-cipale de riuiere, fous la domination des Geneuois, fituee au pied des collines batable en ruyne, muraillee, auec port comblé à demy, & chafteau du cofté de

Chafteau.

la mer, fort baftionné, reuefta de mu-

auroit esté & seroit enueloppé obscurcy & couuert de l'hydeuse ignoráce. Nó que ie veuille dire que ce mien liuret apporte rien de clarté, ains
qu'il pourra seruir de quelque plaisir & delecta-
tion au Lecteur, & voire admiration pour les raretez & particularitez dont ie parle, qui ne sont
trop vsitees ny communes en France. Lis volon-
tiers ce que ie puis maintenant , sans t'arrester à
mon rude stille, excusant la lógueur de ces deux
aduertisseméts, qui sont tres necessaires, mesme
au temps miserable que nous sommes , ou l'a-
ueugle s'empesche de vouloir conduire le bien
voyant aux perilleux destroits , il est vray qu'il
est subiect de s'y precipiter, ne l'ensuis dóns pas.

A Monsieur Rigaud Autheur.

Celuy-la qui voudroit chercher
Du los, mesprisant la science:
Il voudroit pour certain pescher
Des charbons ardans en Durance.

   Car soit pour le langage beau,
Ou pour le subiect dont tu traitte,
Il n'en peut venir vn nouueau,
Qui d'vn tel labeur nous allaicte.

   Doncques si Mercure estoit pris
A Iuge pour faire cognoistre
La rareté des beaux esprits,
Celuy de Rigaud seroit maistre.

P. Berthelot Montargois.

Sur le liure de Monſieur Rigaud.

C'Eſt icy le chef d'œuure, ou l'ō peut voir cōmēt
Le Pelerin ſe doit comporter en voyage,
Le Cazanier auſſi en prendra ſon vſage,
L'vn voyant en effect, l'autre d'entendement.

C'eſt icy que tout homme à du contentement,
Le ieune en ſes diſcours fait ſon apprentiſſage:
L'hargneux vieillard ſe plaiſt és choſes de ſon
aage.
Le preſtre en ſes ſainɛts lieux s'eſiouiſt ſainɛte-
ment.

Le gendarme à ſes tours, fortereſſes de guerre.
L'hſtoire l'Eſcolier, le Ruſtique la terre,
Vtile à tous labeurs, le mondain ſes plaiſirs.

Surtout nouueauté plaiſt, de vertu meſſagere.
Eſtant œuure parfaiɛt, qui peut à tous cōplaire.
Et agreer à tant bien que diuers deſirs.

Pour beaucoup ſçauoir,
Il faut beaucoup voir.

BREF
RECVEIL DES
CHOSES RARES, NO-
tables, Antiques, Citez Fortereſſes principales d'Italie, a-
uec vne infinité de par
cularitez dignes
d'eſtre ſçeuës.

Le tout veu, deſcrit, & recueilly par Iean An-
thoine Rigaud, Eſcuyer de la ville de Bar-
ioux, en ſon voyage de l'an ſainct mil ſix cēs:
Et par iceluy dedié à Monſeigneur le Comte
de Carces.

L E premier abord a eſté à Nice de monſieur de Sauoye, Cō-té, Cité Eueſché, ou y a cha-ſteau inexpugnable : & pour eſtre ville dont la particularité en eſt, commune, ie n'en feray aucune deſ-cription : Vne demie lieuë dudit Nice y eſt Ville-franche, ou y a port & d'Arſe-ne pour galeres, chaſteau baſtionné & reueſtu de murailles, foſſé tout à l'en-tour, horſmis du coſté qui regarde & tou-che la mer, entre ces deux places ſur vn mont vn chaſteau appellé Montauban,

Nice.
Montauban.
En l'ānee 998. fut premier Cō-te de Sauoye Bartoldo, & y eut quinze Cō-tes, & apres le premier Duc A-madio en l'an 1398. & de-puis iceluy dix, cōprins Charles

B 3

Emanuel à pre-
sent regnāt, qui
fut couroné 1580

à quatre baſtions reueſtus auſſi de murailles ſans foſſez qui ſert de garde pour
deſcouurir les aduenues des deux fortereſſes, & par mer & par terre.

Mourgues ap-
partenoit aux
Geneuois.

MOVRGVES, Marquiſat, forte-
reſſe, ſituée ſur vn long large
haut rocher precipice tout à l'entour,
& la mer preſque tout de meſme,
fors du coſté du palais du Marquis d'ou
il eſt dominé par vne petite montaigne,
qui deſcouure tout le dedans. Toutesfois inexpugnable, y a port formé par la
forttereſſe, plus longue que large, ledit

Port.
Pallais

pallais ſeparé quelque peu de la ville, releué muraillé en maiſon de plaiſance, ou
y a vne belle galerie. Il ne s'y entre que

Porte.

par vne porte qui viſe au port & Septen-
trion, & ſert au village & au chaſteau, qui
la cōmande, pour eſtre tout deſſous d'i-
celuy. Le Marquis eſt de Caſe Grimalda
de Genes ſouuerain, ſous la protection
de l'empire, ceſte place apparténoit aux
Genevois: mais le gouuerneut de ladite
Caſa s'en ſaiſit & fit ſouuerain.

Saoune,

SAOVNE, Cité Euesché, & la principale de riuiere, ſous la domination
des Genevois, ſituée au pied des collines

Chasteau.

batable en ruine, muraillee, auec port
comblé à demy, & chaſteau du coſté de
la mer, fort & baſtionné, reueſtu de mu-

murailles foſſé à l'entour, fors ou la mer bat à trante milles de Genes que y tient gouuerneur & podeſtat, qu'ils châgent de deux en deux mois, & le plus ſouuent de quinze en quinze iours pour eſtre le peuple malaffectionné à la Seigneurie, & pluſtoſt François,

GENES, Seigneurie, Eueſché, baſtionné du coſté de terre, reueſtu de murailles, port auec ſa lanterne qu'ils nomment, & d'arſene pour Galeres, & barques. Situee au pied des colines & montaignes, & par conſequent batable, à des parts en ruine, fort peuplee les rües eſtroites, pauees les deux tiers d'ardoiſe noire, & l'autre, ſur le mitan de brique. Il n'eſt rien moins que deux Marſeilles. C'eſt la cité la plus ſuperbe en baſtimens d'Italie. Et pour particulariſer tout ce que nous y auons veu de rare, & à la campagne & à la ville, il y faudroit tout vn liure imprimé & de grand volume. Ie diray ſeulement le plus notable. Pour le Domou ou Egliſe catedrale (ainſi nommé) le dehors du baſtiment auec le clocier eſt tout de marbre blanc & noir, l'Egliſe bien ornee. Vous voyez aux Egliſes & meſmes à S. François vne infinité d'autels & ſepultures de marbre, auec belles colomnes de diuerſes couleurs, perſonnages releuez, Chappelles dorees, & des

Genes fondee & cōmēcee par Ianus au temps meſme ql vint à Rome. l'an du monde 1765. Situatiō & grãdeur de Genes.

Sa ſuperbité.

Font vn Prince ou Duc de deux en deux ans, ſe conſeruēt en Republique, toutesfois ſous la protectiō du Roy d'Eſpagne,

Le Domou s'entend l'Egliſe Maiour Metropolit.

Les Italiens la nōment Domou au lieu que no⁹ diſons la grand Egliſe, & pour-

ce s'en aduisera le Lecteur.

Chappelle du Roy d'Espaigne. Palais de la Seigneurie.

L'interromption des regnes des Ducs, & confusion des Genueois, & leurs prinses garde qu'on n'en parle Banqui.

Extra noua, ou sont les beaux palais.

Palais de Dom Carlou, fils puisné du Prince Do

aucunes tout en images taillees sur dores, particulierement en ladite Eglise la Chapelle appellee du Roy Philipes, ou l'on entre du palais de Dom Carlou, l'Eglise neuue aussi fort belle. Le pallais ou reside le Duc qu'on change de deux en deux ans grand, espacieux, belles salles, lambricees & dorees de nouueau, la principale demeure des Senateurs par dedãs à triple galerie, ont faict regir la muraille sur grandes colomnes de marbre. Vn lieu qu'ils ont fait & appelle Banqui, fort beau regy sur des hautes & grosses colónes de marbre blanc de deux à deux La vous voyez depuis vingt heures iusques à vingt quatre, que sont huict apres midy de ce pays, toute la Noblesse Bourgeois & Marchans de Genes, & tout par la les banquiers & le port en veue, Quand aux bastimens particuliers dans la ville, il y est extradanoua, pres ladite Eglise S. François, d'vn costé & sous l'vn des forts & citadelles que y ont eu autre fois nos feus Roys, maintenãt rasee. Rue ou il y a vne douzaine de pallais les plus superbes du móde, ou n'y mãque marbre noir blãc, belles peintures à l'huile dehors & dedans, ciels dorez l'ábricez expressement, & le plus notable le palais de Dõ Carlou, fils puisné du Prince Dorio, qui souloit estre du Monarqui. Tout marbre

marbre en trois faces de grãds pieces, les vnes formees en pointes de diamant, les autres à plat & à carre, belle entree de porte, ornees de grosses & hautes colomnes de marbre blãc, lustré & vn escriteau en lettres d'or sur le chapiteau qui dit, *Nulli certa domus.* Le dedans belle grande basse cour, gallerie & double gallerie de colomne de marbre. Le pallais de la Duchesse Grimalde aussi de marbre, & colomnes, ou à plain pied de la basse cour y a vne fõtaine auec diuersité d'animaux, qui chantent par la force de l'eau sans que nul touche leurs ressors ny donne vent. Et loing de la le palais du Marquisin Espinolle, qui souloit estre à Iean Baptiste Dorio des mieux edifiez, orné de beaucoup de marbre, peintures & deux iardins auec fontaines fort belles & artifices à faire moüiller. Hors de la ville & proche de la porte qui va à la l'ãterne S. Pierre d'Arene, entre vne infinité d'autres, le palais du Prince Dorio formé en long, la face qui tourne à la mer, gallerie sur gallerie de colomnes de marbre, belle basse cour qui regarde au iardinage, serree d'vne barriere de marbre en forme de gallerie & petits piliers à quatre pans de hauteur, ledit iardin tout d'allees herbes diuerses & viues par lesquelles est representé oyseaux lions galeres & nauires. Les salles principales dudit palais

rio. Car le premier est dit prince de Melphe marié auec la fille d'Antonio Colõna de Rome. viuãt Connestable de Naples.

Pallais de la Duchesse Grimalde de laquelle race le Marquis de Mourgues est.

Pallais du marquisin Espinolle, qu'on dit auoir 150. mille escus à despédre chasque annee, & qui a plus de creãce à la seigneurie qu'autre.

Pallais du prince Dorio, ce prince nõ si riche de son propre que Espinolle, mais plus d'honneur.

Raretez du iardin.

chambres & chapelles routes l'ambricees peintes dorees viftres de criftal. L'efcurie ioignant pour y loger cent cheuaux, au deffus du palais & à l'opofite de la face de terre vn autre beau & grand iardin, fontaines, & entre ledit iardin y paffe le grád chemin. Au iardin de mer y font deux fótaines de marbre belles, & au plus bas les quatre faifons releuez en marbre, & vne gallerie & barriere par ou le Prince monte fur les galeres. Nous vifmes à la garderobe dudit Prince cinq tables d'argent, auec fes treteaux dont l'vne à la table eft couuert d'Agate, Iafpe, & autres piérres precieufes & pieces rapportees, l'vne fouftenue par quatre Griffons, l'autre par deux Centaures, & outre ce vne infinité d'argéterie & tapifferie de drap d'or argent & foye. Pour vous faire voir que le palais eft logeable & bien pourueu, il y a logé, la Royne d'Efpagne derniere & tout fon train, fans que le Prince Dorio ny les fiens en bougeaffent, lequel à l'arriuee de la Royne fit efcrite en deux lieux fes parolles, en deux lágues du cofté de Genes & Italie, *Per graccia di Dio, & del Re in quefte cafe non chie cofe preftate*. Et du cofté d'Efpagne, *Pour graccia di Dios, y del Rey. en eftas cafas no hay cofa preftada.* Entendant que par la grace de Dieu & du Roy d'Efpagne en fa maifon n'auoit rien deprefté. Et c'eftoit parce qu'on auoit

Efcurie.

Eftatues du iardin de mer.

Garderobe & argenterie du Prince Dorio.

Logement de la Royne d'Efpagne.

Infcription en deux langues.

dit qu'il emprunteroit à vn tel abord. Le Roy d'Eſpaigne tient à la d'Arſene ordinairement ſes galeres, auſquelles les Genevois par leurs traictez ſont tenus de dóner port & entree aux gens de guerre.

TARTOVNE, Cité Eueſché chaſteau ou citadelle du coſté des collines, baſtióné & reueſtu de brique, foſſez eōtreſcarpe de la Duché de Milan au Roy d'Eſpaigne, muraillé, y paſſant à vn mil vne mauuaiſe riuiere ditte Eſquiuolla.

PAVIE, Principauté, Cité, Eueſché, baſtionné & reueſtu de brique, ſituee en belle plaine, en Lombardie, enſeint d'vn coſté d'vne riuiere portant barque, appollee le Theſin. Ou à l'étree de la porte y ſont les armes du Roy d'Eſpagne, & ceſte inſcription, *Potentiſſimo Philippo terſo Iſpaniarum Regi Duci Mediolani Pauiacque principi.* Et ladire porte eſt ſur le commencement de ce beau pont du Theſin tout cóuert à vnze grands arcades, & s'en va deſcharger au Po, qui paſſe à 5. milles de Pauie La ville & les rues belles larges, grands places, à l'vne deſquelles eſt le Demon, & tout au deuant ſur vn pilier haut eſleué vn cheual & homme de bronze, de grand eſtature, tenant ſa main tendue droit à Milan, qu'on dit

Pauie.

Theſin riuiere.

Couronné 1598.

Inſcription à la porte.

Le Po fleuue paſſe à Turin, trauerſant l'Italie de ce coſté de Lōbardie en ſō large, arriuant à la mer Adriatiq̄ 40 miles de Ferrare

Le Roy Saül en bronze à cheual qui fut le premier ſur les enfās d'Iſraël, & regna l'ā du mō-

de 2869
iufques
à 2897
Prinfe
de Pauie
& Ra-
uéne.

eftre le Roy Saul , que ceux de Pauie prindrent en guerre à Rauenne, & les Rauenois
prindrent les portes de bronze du Domou
de Pauie , pour auoir efte fes deux villes
en vn mefme iour prinfes par les forces l'v-
ne de l'autre, fans que l'vne fceuft de l'autre les
entreprifes & partant ce en vn mefme téps. Tellemét qu'il fallut en ce pacifiant que chacun ce
retournaft fa ville, & ce n'eft point le Roy François, ainfi que maints ont voulu dire. l'auons

L'arc
S. Augu
ftin.

veu l'arc S. Auguftin en l'Eglife des Religieux
dudit ordre , eftant à droit du corps de l'Eglife
dans la Sacriftie,tout d'albaftre , ou y a trois arcades deça & dela de chaque longueur , & vn
grand à chaque bout, long de deux canes, haut
de deux & demy,& large de fix pans,ou font reprefentez en images, taillees , de la hauteur do
demy pan vn pan & vn pan & demy la reduction
à la foy Catholique de S. Auguftin par S. Am-
broife,& tous les actes & miracles par luy apres
faits, auec au deffus quatre Anges & leur trompette , au carré dudit arc bien trauaillez. Com-
mencè l'an 1302. & le 14. Decébre fous le Pri-
euré du R.P.me .Boniface Boticelle qui auoit e-
ftudié à la Sorbonne de Paris. Sous le cœur de
l'Eglife dans terre & caue , nous auons beu de

Puis S.
Auguft.

l'eau du puis S. Auguftin qui guerit des fieures,
ou proche affeurement on tient qu'eft le corps
dudit S. qu'on n'ofe chercher,attendu la deffence expreffe qu'il en y a de fa Sainéteté & diuifion
des religieux, les vns portant l'habit blanc en
façon de Chanoines, & les autres noir, chacun

ayant logis & rentes à part, feruant l'Eglife en
commun, voulant & les vns, & les autres auoir
le corps à leur difpofition, lequel fut tranfporté
de Sardeigne à Pauie par vn Roy des Lombars,
à la fepulture duquel en ladite Eglife y a cefte
infcription *Hic iacent offa Regis Lieuprandi Regis*
de Logonbardi. Il y a chafteau proche ledit Couuent, & du cofté de Milan, qui fert de citadelle,
bafti de brique, à trois corps de logis foffez à
l'entour. Lefdits freres religieux portant l'habit
noir firent faire ledit Arc pour fepulturer le
corps S. Auguftin, mais la deffence les en garda.

Diuifé
des Reli
gieux.
Lieu
prãdi re
gna l'an
723
chateau
Pour-
quoy
l'arc S.
Auguft.
fut fait

LA CHARTREVSE, de Pauie à cinq
milles de ladite ville du cofté de Milan, ou
l'enclos des murailles tiét pour le moins demie
lieue de pays, tout de bricque de la hauteur de
trois canes, y paffant à l'entour vn beau foffé
plain d'eau de laquelle ils fe feruent à leur commodité. En premier lieu belle entree de porte,
pont leuis & grille couuert entre deux portes,
ou entrãt ce treuue vne belle baffe cour de deux
cens pas tout carré. Au bout l'Eglife à l'opofite
de l'entree dudit enclos. Le frontifpice de laquel
le on ne fçauroit reprefenter, auec fes fingula-
ritez, pour eftre tout marbre, reprefentant en
perfonnages releuez vne infinité d'hiftoires mef
mes le vieux & nouueau Teftament, & en autres images taillees y en a cinquante deux de
l'eftature d'vn homme. Au plus bas duquel lieu
plus abiect à deux pieds de terre & marchepied
y eft rangé foixante huict reftes d'Empereurs,

La Char
treufe.
Enclos.
Porte.
Fron-
tifpice.

ou Roys formez en rond, chacun son escriteau
tout antiques rapportees audit lieu, & plusieurs
autres testes d'Empereurs, & Roys, Senateurs
Romains du haut en bas & les histoires. On entre autres la porte au mitan dudit frontispice,
enrichie de deux beaux & gros piliers de marbre de chasque costé soustenant le lintau de la
porte, au dessus duquel y a vne nostre *Dame* dé
grand estature, nostre Seigneur entre ses bras, &
vne inscription en lettre d'or sur marbre noir,
qui dit ainsi, *Mariæ virgini matri filie exponse Deï.*
La nef de l'Eglise fort grande, belle spacieuse, ou
y a de chasque costé huict chapelles, toutes clo-
ses my fer my loton, & le deuant de mesme. Au
mitan de laquelle nef, au bout des chapelles, y a
vne autre nef qui la trauerse à vn bout, de laquelle à main gauche y a chaires tout à l'éntour,

Autel
d'iuoire

& à la fin du cœur chapelle garnie d'vn Autel
des plus singuliers d'Italie pour estre d'iuoire,
accompagné de chasque costé d'vne forme de
sepulchre faicte en oualle de marbre, & sur iceluy deux chasses d'iuoire, seruant à decorer l'autel, par lequel & lesdites chasses est representé
en images taillez, ou il y en a maints qui ne sót
que de la hauteur d'vne esguille, tous les actes
du vieux & nouueau testament, tant singulie-
rement trauaillé que faire ce peut. D'autre bout

Sepul-
tre d'al
bastre.

de ladite nef & à main droitte y est le sepulchre
du fondateur de ladite Chartreuse tout d'albastre, fors le pied de taille en terre, qui est de marbre de deux pieds de haut, massif à quatre carres de la longueur dudit sepulchre, fait en oual-

le, esleué & regy sur quatre pieds de lion,
auec vne table au dessus ou le corps
est couché & representé de son estature
gráde, auec deux Anges vn à la teste l'au
tre aux pieds, assis sur le bout de ladite
table, tenant en sa main celuy de la teste
vne couronne de laurier ou mitre, & l'au
tre vne trompette, ayant sous ses pieds
lesdits Anges vn escu ou sont les armes   *Armes des Ducs*
du defunct, qu'est vn serpent sortant de   *de Milan.*
sa gueulle vn enfançon les bras tendus.
Ledit sepulchre est couuert d'vn ciel d'v
ne cane & demie de hauteur, autant de
lóg & six de large, soustenu de six piliers,
à l'entour duquel ciel y est representé en
images taillees toutes les batailles, prin
ses des villes, & les armes d'icelles que le
mort auoit subiuguees, y ayant à l'entour
du sepulchre inscription en lettre d'or   *Notte GioGa*
en ses parolles, *Io galle facio Duci Mediolani*   *leazzo, premier*
primo ac priori eius vxori Cartusiani memores   *Duc commença*
graticque posuere 1552. *die* 20. December.   *de Regner* 1395
Tout albastre, & aux deux bouts de la   *& l'an* 1508.
longueur dudit sepulchre tout à terre en   *Maximiliã l'Em*
marbre sont couchez vn Duc & vne Du-   *pereur occupa*
chesse de Milan, mary & femme au ciel   *la Duché.*
dudict sepulchre y est escript ces mots,
Ioannes Christophorus Romanus faciebat. Ou
tre ce ledit sepulchre est fermé d'vne gril
le my fer my loton de dix pans de haut.
Au mitan de ladite nef qui trauerse y est
l'entrée du cœur de Messieurs, & grand   *Entrée du cœur.*

autel à l'oposite de la premiere entrée, laquelle
suſdite porte du cœur eſt enrichie de huiĉt
colonnes rôdes grandes hautes couleur d'azur,
qu'on nous dit eſtre nommee Pietra machatta,
& huiĉt autres noires de meſme pierre, ayant
toutes leur chapiteau de bronze, & le lintau
tout de la meſme pierre, ledit cœur carré orné
de chaires tout à l'entour de charpenterie magnifique, pieces de nacre & corne rapportees,
& au mitan de ladite nef trauerſante y a vn
beau & grand Domou tout viſtré & enrichy de
maints images taillees dores, vous y auez le
grand autel ou tabernacle d'albaſtre, iaſpe pietra machatta, argéterie,& pluſieurs pierres precieuſes diuerſement colorees, orné de petits
piliers tout à l'entour taillez d'vne coudee de
haut de pluſieurs couleurs, façonné en rond,
ou la cuſtode eſt au mitan. Ledit autel clos d'vne
barriere d'albaſtre ſouſtenue de trante deux
piliers canaſtrez de ladite pietra machatta, de la
hauteur de trois pans, auec le paué de qui eſt la
clos de meſme pierre, luyſant comme verre,
tout faiĉt en pieces rapportees. A droit du
principal cœur de l'Egliſe y a vn lieu en forme
de chapelle qu'on dit le lauoir à mains de meſſieurs: ou y a vn puis la tour de marbre,& à coſté vn lauoir en oualle à quatre ou cinq canons
pour donner d'eau,& au deſſus deuxDauphins,
entre leſquels y a vn perſonnage releué depuis
la cinture en haut & vn Ange le tout d'albaſtre.
Cloiſtré & autre grand croiſtre fort eſpacieux,
à trois cens pas pour le moins à tout carré,

*La cou-
pe, ou
Domou.*

*Grand
Autel.*

*Lauoir
des
mains.*

Cloiſtre

& maints

& mains piliers & colônes, le toist tant
de l'Eglise, corps de logis & cloistres de
plomb, fors vn cartier que les François
ruynerent au temps de la prinse du Roy
François deuant Pauie, lequel disent a-
uoir emprunté le Couuent de dix mil escus, & leur en est redeuable. Ledit Couuent à de rente quarante cinq mil escus,
& tât magnifique qu'il est estimé vn des
plus beaux & riches bastimens d'Italie.

le Toit.

La prinse du Roy Frãçois fut le 24. feburier iour S. Mathias 1525. à l'enclos de ceste Chartreuse,

Rante du Couuent.

MILAN, Duché Archeuesché belle grand plaine, tout bastionné &
reuestu de brique, auec bon fossé & eau
quand il leur plaist tout à l'entour, & vn
canal dans la ville partant du Thesin par
artifice. Le chasteau separé de la ville du
costé des Allemagnes doublement bastionné & reuestu de brique fossé & cô-
trescarpe, reuestue auec quatre moulins
dans le second fossé entre les deux bastions où l'eau sort naturellement. Il y a
trois bastions qui font la face du costé de
la ville ou la porte tourne, & au deuant
iusques aux maisons du vuide presque
trois cens pas, & y a canôs en toutes cor-
tines de trois en trois pas auec sa petite
logette de bois: & dedans le donjon deux
belles tours de pierre de taile à pointe de
diamét, qui sôt les prisôs, en chasque cã-
ton dés bastions sont les armes du Roy
d'Espagne & de Milan, & cest escrit Phi-

Milan.

Description du chasteau de Milan.

Depuis les ans de Iesus le premier Roy des Lôbars fut Agillamondo en l'année 393. & iusques à 756. De sidario le dernier, & lors fut interrompu le regne, & depuis mis en Duché, doni est desia faite mētion du premier Duc sur la Chartreuse.

lippus Hispaniarum Rex magnus. On la retranche de deux ou trois bastions du costé d'Allemagne qui le rendent d'vn tiers de moins de garde, & de l'autre costé la ville sans murailles, seulement pallissade. d'enuiron mille pas. La ville des plus grādes, douze milles de tour, fort peuplée,

Quatre milles de Lombardie pour n'estre grā des font vne li- euë de Prouēce.

belles larges droittes & longues rues. l'on faict compte que dans Milan y a 70. Eglises parrochiales : Soixante Monasteres de religieuses, & quelques deux cens cinquante Eglises & Couuents. Le Dō-

Grand Eglise de Milan.

mou presque au mitan de la ville, à trois grands portes au deuant de frontispice, du costé de la place & logis du Conne-

Piliers.

stable, toure de marbre blanc dedans & dehors la plus belle nef & grande d'Italie, à laquelle ou dehors, ou dedans y a cent & onze piliers de seize pans de rōd, & trois cens quarante six personnages.

Grand Autel. Estatues & nombre des Piliers.

Le grand autel est de bronze, soustenu par quatre Anges, la custode & ciel en forme de timbre soustenu de huiĉt piliers, le tout de brōze, surdoré à l'entour de la custode, y est escrit, *Pius quartus, Pontifex obtimus maximus,* qui le donna à

Fut cree 1560, estoit Milānois.

l'Eglise. Le cœur en belles charpenterie, & images taillez par lesquels est representé aux haures chaires toure la vie & actes de S. Ambroise, & au bas tous les Archeuesques que sont esté audit Milan. A l'entree dudit cœur, & à chasque pi-

lier de ladite entree il y a vne chaire de bronze,
souſtenues celles des Eueſques des quatre fi
gures des Euāgeliſtes, & celle du Preſcheur par
les quatre Docteurs de l'Egliſe, tout de grand
eſtature, ayant ſa couuerte ou ciel de meſme, &
par leſdites chaires en images taillees & ſurdo-
rez, y eſt repreſenté beaucoup des deux Teſtamens. Leſdites chaires entournét plus de deux
tiers des piliers qui ont ſeize pans de rondeur,
& ſont eſtimees ſoixante milles eſcus. A chaſque coſté dudit cœur y a deux Orgues des plus
grands & riches, les ſoufflets bas ſous le grand
autel, & deux maiſtres ſuffiſent à les toucher,
tous quatre. Il ce va à l'entour dudit Domou, &
pour y aller s'y môte trois cens cinquante deux
degrez de marbre, & de la ce voit toute la ville,
On y trauaille inceſſament pour eſtre affecté à
la reparation ou augmentation de l'Egliſe tous
les ans trante ſix mil eſcus. Au coſté droit dudit Domou eſt le palais ordinaire des Gouuer-
neurs de Milan, à l'entre dudit palais deſſus la
porte & chapiteau y ſont toutes les armes du
Roy d'Eſpagne & de Milan, timbrees d'vn petit enfançon, qui regit à ſes deux mains vne cou
ronne cloſe de bronze, & à chaſque coſté deſdites armes, y a vn Ange qui tendent chaſcun
vne main au timbre d'icelles, & ſous ſes pieds
vn eſcriteau, ou eſt eſcrit à celuy de main droite,
Nuncia Iunonis vario decorata colore, en l'autre,
Huc ce cærulo liberauit ab æthere virgo. En entrant
dedans vne belle baſſe cour carree, & quatre
corps de logis, & à celuy vis a vis de l'entree eſt

Palais de Thomas Damarin.

la ſalle ou eſt depeint les batailles, ſieges & victoires du Conneſtable de Caſtille, le ciel l'ambricé & doré, auſſi nous fuſmes voir le palais de Thomas Damarin, qu'on tient pour choſe rare dans Milan, il y a deux belles faces de logis de pierre de taille, mais l'œuure en reſte imparfaiſte à cauſe de la mort dudit Marin. Le iour de Paſques ouiſmes la grand Meſſe & veſpres audit Domou. Ou ne ce peut ouir rié de plus beau ſoit pour la multitude des muſiciens, que par ces quatre orgues. Nous auons ouy la muſique és Nonains de S. Radegonde, & de la Nunciade, qui ne ce peut ouyr de mieux chanter, & c'eſt la ou eſt la preſſe des Seigneurs & Dames de la ville, & s'y voit arriuer force gentils hommes en houſſe & carroce. L'hoſpital ou n'y va que

l'Hoſpital.

de malades, grand & beau faiſt en croix, & au mitan l'autel en forme de cuſtode à iour, qui ce voit des quatre bouts, & les malades oyent la Meſſe du lit, pour y aller s'y môte ſept ou huict degrez larges en rue, & vne gallerie ſouſtenue de colonnes de pierre de tailles, y en ayant 32. à la face de la grand porte, & autres trante deux de l'autre coſté fermees d'vne grille de fer, la maiſon belle grande & bien rantee. Hors de la

Lazaretto.

ville y a vn lieu deſtiné pour les peſtiférez, ou dedans l'enclos ſont les maiſons en nombre de trois cens ſoixante ſix, & de chacune d'icelles ce peut ouyr Meſſe d'vne Egliſe qu'il y a au mitan de l'enclos, regie ſur colomnes.

LODE, en Lombardie du Roy d'Efpagne, *Lode.*
Cité, Euefché, forte terre plain beau focé
tout à l'entour, le Domou à la place qui eſt belle
carree pauee de brique, à vingt milles de Milan,
& de plaiſance.

PLAISANCE, du Duc de Parme, Cité, *Plai-*
Euefché, forte baſtionnee reueſtue de bri- *ſance.*
que, foſſé, contreſcarpe, grand ville, belles longues larges rues. Il y a vn chaſteau fort baſtion- *chateau*
né & reueſtu de brique, ſituee du coſté qui regarde à la montaigne qui eſt ſur le midy, garny
de force canons, la porte principale deuers la
ville, où y a grand vuide. Le Po paſſe à demy mil
de la ville du coſté de Millan, duquel endroit eſt
vn palais appellé la citadelle que ceux de Plai- *Palais.*
ſance font baſtir au Duc à ſes deſpens. Belle pla- *Laplace*
ce, d'vn coſté le palais de la Iuſtice, de l'autre les
Banquiers, & à la teſte y eſt l'Eglife S. François
de ladite place, vous voyez la porte du Domou
le long d'vne grand rue, l'orloge en ladite place
du coſté de S. François. Il y a vn couuent audit *Couuét*
plaiſance de l'ordre S. Auguſtin portant la ca- *S. Augu*
miſade; rantez à ſeize mil eſcus, le plus commo- *ſtin.*
de & beau qui ce peut voir baſtie noſtre temps.

CREMOVNE, du Roy d'Efpagne en *Cremou*
Lombardie, Cité, Euefché, ſituee en la plai- *ne.*
ne, ou le Po y paſſe, grande bien muraillee, terre
plain foſſé fortereſſe baſtionnee & reueſtue de
brique, belle grand place, le Domou aſſez beau
antique bien orné. Nous y fuſmes par eau ſur le

Po de plaifance eflongné de dix-huict milles, lieu fort marchant, & force noblesse.

Palme, ou Parme.
1537 fut premier Duc Pierluigi Farnese

PAlme Duché, Cité, Euefché, belles murailles terre plain, baftionné reueftu de brique, foffé plain d'eau & contrefcarpe, les rues belles, longues larges, y paffe vne riuiere qui porte le nom de la ville, & la trauerfe. Il y a vn fort & citadelle qu'on a edifié de nouueau du cofté de la montaigne. Au mitan de ladite ville belle grãd

Place.
place carree des plus longues & efpacieufes ou eft l'orloge en forme piramidalle mefparty en trois, fouftenue fur de petits piliers à iour fort

Palais du Gouuerneur
efleué. Le palais du gouuerneur, & deux autres, l'vn pour le ciuil, & l'autre pour le criminel. Le

Le Domou.
Domou diftant quelque peu de ladite place du cofté de Cremoune, y ayant vuide au deuant, & tout à l'opofite le logis de l'Euefque, & a cofté droit les Fons baptifmales mefparties du Domou, faites en Domou, toutes regies fur de pe-

Fons Baptifmales.
tits piliers & colomnes de marbre tant dehors que dedãs, ils font couuertes & le clocher de la me d'eftain. Les armes du *Duc* de Palme de cafe Fernefe fõt fix fleurs de lis couleur d'Azur chãp

Armes du Duc.
iaune. La ville en belle & large plaine, la Duché vient au S. Siege à faute d'heritier legitime.

Regis.

REGIS, Cité Euefché baftionné & reueftu de brique, foffé plain d'eau qui y fort naturellement, en plat pays des plus fortes qui eft à Dom Cefar deft Duc de Modene, fils du feu Duc de Ferrare. Ses armes font vne Aigle cou-

ronnée. Il y a de remarquable vne Eglise qu'on
a basty de nouueau en l'hôneur de nostre Dame
qu'on dit auoir fait beaucoup de miracles, &
pource fort reueree,vous y auez vne petite place bien iolie,ou l'Eglise cathedralle est d'vn costé,& le palais de la iustice de l'autre. Sur le miran du frontispice de ladite Eglise, & au dessus
de la porte y a vne nostre Dame de bronze, de
grand estature, tenant Iesus entre ses bras, y a
trois portes à ladite face, à l'vne desquelles y est
à l'entree droitte vn sepulchre d'albastre du côte Orassio dudit Regis, viuant embassade du
Roy d'Espagne vers sa saincteté.

MODENE, Duché, Cité, Euesché dudit
Don Cesar en est souuerain, forte ville à la
plaine,fossé eau dedans,contrescarpe,bastióné,
reuestue de brique,trois ponts leuis,& trois por
tes ou grille auant qu'entrer, & encor pont de
bois sur le fossé, & tout de mesme est à Regis,
bref deux villes des mieux fortifiees,à l'entree
de la porte du costé dudit Regis y a du vuide,
auquel & à droit est l'Eglise S. Augustin, & à
gauche l'Eglise S Hyerosme,y a assez grand place,le Domou & l'orloge y sont & palais de iusti-
ce.Le clocher dudit Domou des plus hauts esleuez faict en piramide. Vous pouuez aller au
couuert par toute la ville, mesmes aux grands
rues sous les maisons, regis le proiect & deuant
Darcz. Le Duc Dom Cesar s'y tient, & n'a palais
remarquable, au sortir du costé de Rome est le
couuent des Carmes. Entre ledit Modene &

*Armes
de Dom
Cesar.
Nostre
dame de
Regis.
Domou*

*Sepul-
du Côte
Orassio.*

*Modene
Dom Ce
sar reste
Duc seu
lement
de Mode
ne l'an
1598.au
quel il
fut de-
possedé
de Ferra
re pour
n'estre
legiti-
me.*

Robiere

Regis preſque à my chemin y a vn lieu uommé Robiere de ladite Duché, bien fort carré auec vn chaſteau deuers Regis à quatre carres & baſtions reueſtus de brique entourné d'eau & contreſcarpe.

Boulongne.

C'eſt la ou Char les quint fuſt couroͤné Empereur, coͤme chaͨcun ſcait.

BOVLONGNE, grand cité Archeueſché, Comté du S. Pere, ou y a Legat & Podeſtat pour ſa Sainͨteté, ayát chaͨcun des trois ſes palais & authorité à part, murailles & foſſez à l'entour, non gueres moins que deux Auignons. A l'étree de la porte du coſté de Milan & au deſſus d'icelle y ſót les armes en marbre du Pape Iule de caſe Vrbine qu'eſt vn arbre auec telle inſcription, *Iulii pontifex maximus expulſit tirano.* Et ſuyuant la rue de ladite porte trauerſant la ville droit à porte Romane. Au mitan de la ville y eſt

Armes du Duc d'Vrbin.

la place faiͨte en potence fort longue & large, ou à la teſte eſt l'Egliſe S. Petroni la plus grande de Boulongne, & ſur main

Grand place. Sainͨt Petroni.

droitte & longueur de ladite place y eſt le palais du Legat, la face duquel tient toute la longueur de la place. Deſſus la

Palais du Legat

porte y eſt en eſtatue grande de bronze, aſſis ſur vne chaire le Pape Gregoire 13. (qui eſtoit de la ville) auec ſon habit poͤtifical. Et à main droitte dudit palais y a

Eſtatue du pape Gregoire.

vne grand feneſtre en forme de porte de taille & au dehors vn peu de marche pied entouré d'vne grille de fer, & au deſſus de ladite

de ladite porte vn ciel qui luy ſert de cou
nerture , au deſſus duquel eſt repreſenté
la Papeſſe Ieanne (comme chacun dit)

Papeſſe Ieanne.

en bronze de ſon eſtature , tenant deux
clefs en ſa main gauche, & la droitte diſ-
poſee pour dóner la benediction: au deſ-
sº ſa teſte vn peu de couuerture en forme
piramidale, & de l'autre coſté eſt le palais
du Podeſtat, ou y a ieu de balló couuert,
& vne tour au mitan dudit logis, regie
ſur quatre cantons de rue qui trauerſent
en croix ſous ladite tour. Au mitan de
ladite longueur de place , & entre leſdits
deux palais y a vne grand fontaine admirable entouree de vingtquatre piliers,
pierre de taille cerclez d'vn fer diſtant
d'vn pas , des marchepieds leſquels ont
quinze pans à tout carré, y en ayant trois
d'vn pas de hauteur pour aborder au baſ
ſin formé en carré & à trois pointes, chaſque carré eſleué des marchepieds ſix pás,
ou au mitan y a vne grand maſſe de marbre carree cóme le baſſin, & au plus haut
vn Neptune eſleué en forme de geant,
d'vne eſtature exorbitante, tenant en la
main ſon tridan de la groſſeur d'vn che-
uró: Et au deſſous de ſon pied droit cour-
bé du coſté du palais: vn dauphin duquel
iaillit de l'eau des deux naſeaux , au deſſous du Dauphin y a quatre faces bouf-
fies iettant eaux par la bouche en quatre
endroits chaſque teſte, & à chaſque coin

Ieu de ballon couuert.

Palais du Po-deſtat, note que le Podeſtat s'entend celuy qui a l'adminiſtra-tion de la Iuſti-ce.

La fontaine de Boulongne la mieux erigee d'Italie & ſu-perbe,

dudit carré vn enfançõ affes gros & poupin affis
les pieds pendent, tenant chacun comme qui
veut vuider vn bouc d'huile, vn Dauphin la tefte en bas, par laquelle de la bouche y fort de
l'eau de la groffeur d'vne groffe plume d'oye, &
font fur vn baffin chacun en forme de coquille,& à chafque face du carre, entre & au deffous
des enfans des armes des papes & de la ville, &
y a quatre cantons au deffous des enfans feints
d'vne couronne, ayant le pied crochcu, feruant
à tenir chacun fa coquille, qui fert de baffin aux
enfans,& de ciel & couuerture à quatre Nereides de grand eftature,qui font autres quatre cã-
tons plus bas, au deffus à fleur de baffin. Lefquelles Nereides tiennent fes deux mains à cha
cun de fes tetins les bouttons, defquels pareil-
lement donnent d'eau, fçauoir l'vn en trois endroits,& l'autre en cinq cheuauchant chacune
vn Dauphin qui iettent eau des deux coftez des
nazeaux,fort efleué & entre lefdites Nereides&
chaque face du carre y a vn baffin fouftenu fur
deux petits piliers, au deffus defquels y-a vne
petite face qui leur dõne de l'eau de la bouche,
& encor au deffous & à chacun des quatre baffins vne grande face bouffie qui iallit auffi de
l'eau de fa bouche. Bref ladite fontaine donne
d'eau par feptante quatre endroits ou parts, &
tous les perfonnages Dauphins,Nereides, faces,
coquilles, piliers,crochus,& armes font de brõ
ze,elle raye ordinairement, & fert à l'vfage du
public,le Pape Pie 4.la fit faire. Et vn peu diftãt
de ladite place droit à fa lõgueur à gauche y eft

l'Eglise S. Pierre Domou, & le palais de l'Arche-
uefque affez beau logis. Ladite Eglife prefqu'autant large fous terre, auec maints autels, comme
elle paroift au deffus , & à plain pied de la rue.
l'auons efté à celle de S. Eftiéne qu'on dit auoir
efté faite à la forme de celle de Hierufalem, par
l'ordonnance de S. Petroni qui y auoit efté : Il y
a vne infinité de corps faints, & vne petite croix
faite du bois de celle de noftre Seigneur. Nous
fufmes à l'Eglife de noftre Dame de Barracan,
qui eft dans la ville, & contre les murailles du
cofté des montaignes, & l'Eglife des Capucins
laquelle on reuere grandement, pour auoir dit-
on au temps que Charles de Bourbon affiegea
Boulongne de ce cofté faict efleuer les murailles de ladite ville, en façon que l'armée du dehors & ceux du dedans ce virent, & la muraille
retourna en fon eftat, & fit venir grand inuon-
dation d'eaux, qui contraignit ledit Bourbon
de defaffieger la ville, & n'y feiourna que 15.
iours à grand perte de fes gens. Ladite ville à
treze portes, comprins celle du port qu'ils nô-
ment ainfi, pour y auoir vne riuiere qui paffe à
moitie dedans qu'on appelle Reyno, & porte
bafteau infques à Ferrare. Sur la porte du palais du Legat y a vne barriere en forme de gallerie de petits piliers de pierre de taille, cy entrant du dedans par deux portes. Vous y auez
tous les iours fors le vêdredy fur les vingt deux
heures que font fix apres midy de ce pays, vn
accord en mufique de trompettes, clerons &
haubois pour l'honneur & decotation de la vil-

le, auec fort beile armonie durant deux heures, & font entretenus pour ceft effect. Il y a auffi force Colleges, ou y viennent eftudier de toutes fortes de natiós, & font les vns à la grand place, dernier S. Petroni, & autres endroits. Ce va au couuert par la ville fous le proiect des maifons ainfi qu'à Modene. Il eft pofé au pied des colines qui font du cofté de la Tofcane, mais vers Milan & Ferrare grand & large plaine de quarante ou 5c. lieues, & ce dit Boulongne la graffe, y eftoit Legat vn de cafe Efpinole.

FERRARE, Duché, iadis de la cafe Deft, maintenant au S. Pere, cité Archeuefché, Legat Podeftat grande & forte ville, belles grandes & longues rues, baftionnee reueftue de brique, & vn peu diftant des murailles à chacun des principaux flancs vn grãd & haut terre plain ou plateforme fort efleué, & paroiffant comme vne coline par deffus les murailles, foffé eau dedans tant que leur plaift, d'vn cofté deville, & de l'autre en fon long ferrée par vn grand & large bras du Po, ou il y a vn pont de bois proche le couuent S. George qui eft hors la ville du cofté du chemin de Rome. Vous y auez deux grands cours de place dãt le Dôme eft le canton des deux, le paué de ladite Eglife eft toute de marbre

faiſt en carreaux & autres façons de toutes couleurs, le ciel en champ d'azur eſtoilles dorees, &
tant dehors que dedans, depuis le mitan de la
muraille tout orné & ſouſtenu de petits piliers
de marbre, & le clocher tout marbre, carré &
façonné de piliers & colonnes, fort haut eſleué,
au deuant du cœur y a trois arcades d'vne grãd
hauteur ſans autre cloſture, ou à celle du mitan
eſt le grand autel. Y a trois chaires à preſcher, &
vn pupitre pour les muſiciens. Les fõs ſont entre les deux portes à gauche de marbre entou-
rez d'vne grille my fer my loton d'vne cane &
demie, auec vn ciel tout l'ambricé doré & pein-
turé, meſme des propheres. Au deuant & à dix
ou douze pas dudit Dom ou piliers & chaiſnes
de fer qui ferment l'entree fors à trois paſſages.
A l'oppoſite de ladite Egliſe de l'autre coſté de
la place, y eſt le palais du Prince, ou y a chaſque
coſté de l'entree ſçauoir à droite en ſortant, ſur
vn grand pilier & chapiteau en carré, au mitan
Borſus premier Duc de Ferrare, Modene & Regis, aſſis ſur vne chaire, & à chaſque canton dudit carré de colõne y a vn Ange tenant chacun
d'eux en leur main vn eſcu, par lequel eſt repreſenté les armes dudit Duc, le tout de bronze.
Et à gauche ſur deux piliers voutez de l'vn à
l'autre, y eſt tout en bronze à cheual Nicolaus
penultieſme Marquis dudit Ferrare. Tout ioignant ledit palais & la teſte de la place du coſté
de Frácolin y eſt le chaſteau entouré d'eau, flanqué de quatre belles tours, ou ſur la porte eſt
eſcrit de nouueau en lettres d'or ſur marbre

Palais.

Borſus
fut faiſt
Duc.
1450.

Nico-
laus fut
Marqª
1393.
chaſteau

E 3

noir, Clemens octimus Pontifex max. anno pontificatus. ſeptieſme, auec vne barre & ſix eſtoilles arme de caſe d'Aldobrandino dont ſadite Sainte-
té eſt. Audit ƒerrare y a vne Egliſe qu'on nomme S. Marie del Vado, ou arriua vn miracle à vn
preſtre diſant Meſſe doutant de la reallité du S.
Sacrement, lequel rombant la ſaincte Hoſtie en
reiallit du ſang, qui aſpergea tout le ciel de ladite chapelle, laquelle nous auons veû, le faict eſt
arriué 1571. & le 28. de Mars, du depuis l'on l'a
decoree de beaucoup de marbre, par lequel en
deux endroits l'on y monte par degrez ſouſte-
nus par piliers, & orné d'vne galerie my fer my
loton, pour voir de plus pres le ſang. Et au deſſus vn ciel ſouſtenu d'autres piliers formé en
en piramide, ou au feſte y a vn calice & hoſtie
repreſéntant ledit miracle.

frācolin
Embar-
quemēt
du Po
pour Ve
niſe.

FRANCOLLIN, à cinq milles de ƒerrare petit, village de ladite Duché, tout ouuert, où y a Podeſtat & vn ſeul logis, mais il eſt
notable, parce que c'eſt le paſſage du Po, pour
aller ou par eau ou par terre à Veniſe.

VENISE.
Edifiee du tēps
d'Atila Roy de
Hōgrie, par no-
bles perſonna-
ges de l'eſtoant'à
431. gouuernés
par Conſuls &
Tribuns iuſques

ENISE, Seigneurie eſplan-
dide comme le Soleil. La Re-
pupplique faict vn Prince, &
Princeſſe pour toute leur vie.
Il y a Patriarche, & Archipreſtre, Legat
ordinairement pour ſa Sãinctecté, ſans iu-
riſdiction, toutesfois que ſur les preſtres,
en ce qui eſt ũ crime, & pluſtoſt Ambaſ-

fade. Il eſt aſſez commun & chacun ſçait que la
ville eſt baſtie ſur la mer Adriatique, cinq milles
loing de terre ferme, & que les rues ſont les y-
nes en caue, & pauees d'vne maiſon à l'autre,
eſtroites de brique à dos d'aſne, la plus part, &
les autres par canals, ou on y va auec gondolles.
Ladite mer à eſpece de flus & reflus, croit & diminue de ſix en ſix heures, & à des lieux dimin-
uant ce voit à ſec. A l'oppoſite de l iſle & Egliſe S. George du coſté de Chioſa, eſt l'ouuerture
de la place S. Marc, ou à l'abord y a deux colonnes de marbre ſeparez de la hauteur d'vne maiſon, y ayant ſur le chapiteau d'vne d'icelles & à
main droite vn grand carré de marbre, au deſſus
vn grand Lion auec aiſles de bronze figure de S.
Marc, & de l'autre S. Theodore armé, qui tient
ſa main droitte ſur vn eſcu, & à l'autre à s'egaye
de fer, & eſpee au coſté, tenant ſous ſes pieds vn
Crocodile. A l'oppoſite encor deſdites colónes
vous y auez l'Orloge, ou ſur le feſte y a vne gallerie qui l'entourne, façonnee de petits piliers,
& au mitan ſur vne maſſe de marbre eſt la cloche ſouſtenue d'vn grand piuot de fer, & autres
quatre piés anexez à celuy-la, & à chaſque coſté
vn homme de bronze d'eſtature aſſez grande,
veſtu depuis la ſeinture en haut d'vne peau, te-
nát chacun vn marteau à la main pres de la cloche, toutesfois ſans qu'ils la touchent. Au deſſous de ladite galerie & face dudit orloge, y a vn
champ d'azur auec eſtoiles d'or, ou eſt le Lion
S. Marc en bronze, & au deuant de ſa teſte en
marbre à genoux vn Duc de la Seigneurie. Au

697, que ils firēt & cree-rent vn Dкc.

Deſcrip- tion & forme dela pla ce S. Marc. Auec ſō orne- ment.

l'orloge

deſſous & plus bas y a vne noſtre Dame & feneſtre de chaſque coſté en forme de porte, ou y
a vn Ange à chacune releuez en bronze, & au
plus bas & lintau de la voute y eſt la monſtre,
& deſſous paſſe vne rue des plus grandes de la
ville, qui va à Rialto, à coſté dudit orloge & à
droitte y eſt l'Egliſe S. Marc, & tout ioignant le
palais dudit S. ou de la Seigneurie qui donne
iuſques au port, & à l'oppoſite dudit palais &
autre coſté de place la mónoye appellee la Secque: qui donne auſſi iuſques au port: & à la teſte
de ce cours de place à gauche & à coſté du Domou y eſt le clocher & la logette contre, ou eſt
l'autre cours de place, toutesfois ioignant tous
deux. Au bout de laquelle & à l'oppoſite du fró-
tiſpice S. Marc y a vne petite Egliſe nommee
Sanctou Seminianou, ou au deſſus la porte eſt
le Lion S. Marc de marbre releué en boſſe ſurdoré. Depuis laquelle Egliſe & tout le long de
la place, iuſques à l'orloge y a maiſon, la face deſ
quelles eſt baſtie ſur des piliers de meſme façon
qui appartient à l'Egliſe S. Marc. Vous auez encores au deuát du Domon & grand porte trois
grás arbres droits fort hauts esleuez de la hau
teur de l'Egliſe; leſquels ſont manchez & fichez
chacun dans vn pied de bronze de la hauteur
d'vne cane & demie, ou y a entre autres figures
releuees à chacune trois lions, aſsis ledit pied
de bróze ſur vne grand maſſe de marbre en forme de trois eſcaliers. Au bout deſquels arbres y
a vne pomme doree auec girouette & Croix, ſeruant à deſployer les eſtendars aux feſtes ſolenn-
nelles

nelles de ladite Seigneurie, l'vn pour les armes
de Venise, l'autre pour le Royaume de Cypre,
& le troisieme pour le regne de Candie. A l'opposite du clocher y est la porte principale du pa
lais S. Marc, tout ioignant l'Eglise, ou au sortir
& à droitte du costé de l'Eglise y a deux piliers
de marbre separez entre lesquels (dit-on) eut vn
Duc de Venise la teste tranchee pour abuser de
sa charge. Le palais S. Marc des plus beaux d'I-
talie, tout basty de marbre, à trois corps de logis, l'vn tournant la face vers la mer, l'autre tenant le long de la place, & l'autre tournant à vn
canal de mer du costé des prisons neufues. Lesdits trois cours auec l'Eglise S. Marc du costé de
la ville, forment vne grand basse cour plus longue que large, à laquelle y a deux cisternes, la
tour de bronze, auec representation de maints
images. Et au bout du costé de S. Marc, & entre
l'escale des geãs qu'ils nomment, qu'est la principale entree du palais, y a encor du vuide, &
tout deuant ladite escale separee en deux costez
y a vn Adam & Eue releuez en marbre qu'on
tient pour œuure tres rare : les deux faces dudit
palais sont regies au bas & par vne galerie dessus les premiers piliers tous sur de grands colonnes de marbre, & de la gallerie en haut tout
en marbre rouge & blanc faict à carreaux & au
dedans vne autre galerie à droict de celle du dehors, & entre deux les officiers de Messieurs, &
à la cime vne infinité de petites piramides, &
autres ornemens fort propres, de marbre. Et sur
les cantons des piramides, regies sur quatre pi-

Cipre au pouuoir des Venitiẽs l'ã 1489 & prins par le Turc l'ã 1571. Ci pre encienne- mẽt nõ- mé l'isle de Che- tin.

Le pa- lais S. Marc.

liers couronnez à leur commencement de marbre rouge, le reste de blanc, & au bout vne croix. Du costé de la mer y a vne grand fenestre en forme de galerie, façonee de beaucoup de grads & petits personnages releuez en bosse, & au deuant de la voute vn Lion fort grand figure de S. Marc, & tout au plus haut entre six piramides quatre grosses & deux petites. La Iustice auec l'espee d'vne main & les balances de l'autre, & sur le milieu de l'autre face qui tourne à la place vne autre fenestre ornee de mesme, la Iustice couronne & espee en la main entre deux grandes piramides. Le couuert dudit palais est tout de plomb, & s'y entre par quatre ou cinq endroits, ladite principale entree qu'ils nomment l'escala di giganti : est à cause que au plus haut des degrez y a vn Neptune tenant vn Dauphin sous ses pieds son Tridan à la main, & vn grand Geant de l'autre costé tous d'vne grand estature de marbre blanc. Audit palais entre autres y a deux belles grandes Salles, le ciel de la plus belle charpenterie qui ce peut voir, tout l'ambricé doré & meslé de force belles peintures à l'huille, & de tout costé des murailles, representant quelques victoires des Venitiens & leurs Ducs, vous auez puis audit palais vn petit arsenal d'armes pour armer de pied à cap tous les Senateurs & officiers du palais, & autres armes, afin de se deffendre à vne sousteuation du peuple. Le Duc & la Duchesse demeurent ordinairemét audit palais & durant leur vie. L'eglise S. Marc est toute de marbre de diuerses couleurs, edifice

le plus riche & fuperbe qu'on fçauroit figurer.
Elle eſt toute couuerte de plomb, y a cinq Do-
mons en croix forts grands, à chacun de leurs
bouts vne grand croix de fer à quatre faces, &
vingt pommes de bronze. Il eſt decoré de forces
piramides au plus haut, & perſonnages releuez,
le frontiſpice tout regi en piliers & colonnes
l'vn ſur l'autre, & à chaſque bout d'iceluy vn pilier qui en regit cinq, & ſur les cinq vn grand
arbre à deſployer eſtendars. Y a quatre portes,
& vn grád iour en forme d'autre porte, la gráde
au milieu dudit frontiſpice, ou ſur le chapiteau
y a quatre cheuaux de bronze dorez de deux à
deux, & vn grand iour viſtre. Au deſſus duquel
& au milieu de la voute vn grand Lion à aiſles &
Liure qu'il tient, & plus haut en forme piramidale S. Marc, & de chaſque coſté des Anges qui
ont les aiſles de bronze. Et y a encor ſur le mitan
dudit frontiſpice, & tout à l'entour de l'Eglife
vne gallerie formee de piliers & barriere de marbre, & des canons de plomb pour ietter l'eau
dehors. Le pané tout de marbre trauaillé en mil
le diuerſes façons & couleurs, & à des lieux repreſentant maints perſonnages & animaux. Le
ciel de l'Eglife & depuis le mitan de la muraille
en haut & en toutes voutes baſſes & hautes,
fait à la Moſaique or & verre, auec diuerſité d'i-
mages ſemblans peints à l'huile, & toutesfois
tous en Moſaique, pieces rapportees. La Sacriſtie de meſme, où y a deux tableaux de S. Hyeroſme de grand eſtime. A l'entre du cœur il y a
au deſſus vne croix & crucifix de bróze, & ran-

gé au long les Apoſtres de marbre. Au dernier
du grād autel vous y auez vn autre autel, le ciel
fouſtenu de quatre piliers, dōt les deux ſont d'al
baſtre tranſparant du plus beau le pied de taille
de bronze. Le grand autel de marbre, regi ſur 4.
colomnes, en images taillees y eſt repreſenté le
vieux teſtament. Toutes les portes de l'Egliſe,
Sacriſtie & Treſor de bronze en perſonnages
releuez. A l'entree de l'Egliſe y a vn cours qui
trauerſe auant que d'entrer au grand corps, &
à droite entrant vne chapelle fermee de grille
de fer auec ſon autel tout de bronze, par lequel
eſt repreſenté noſtre Dame tenant noſtre Seigneur entre ſes bras, aſſiſe ſur vne grand chaire
& a d'vn coſté S Pierre & de l'autre S. Iean Baptiſte, le ciel dudit autel ſur de piliers, le tout figuré en images releuez en boſſe & hiſtoires.
Tout deuant dudit autel y eſt le ſepulchre du
Cardinal Zeno, en forme d'vne grād chaſſe bien
haute, à l'entour de laquelle chaſſe entre autres
images taillees y en a ſix de la hauteur d'icelle,
au deſſus de laquelle y eſt repreſenté de ſa longueur & groſſeur ledit Cardinal mitré qui a fait
faire ledit autel & ſepulture, le tout de bronze.

Les Fōs baptiſmales. Les fonts baptiſmales de la ladite chapelle, & à
droite de l'entree de la grād porte du palais fai-
te en vaſe, la couuerture de bronze, & tous les
degrez des entrees, & le ſueil des portes garnies
& taillees de bronze d'vn pan de large. Le clo-
Le clocher S. Marc à cher S. Marc eſt ſeparé de l'Egliſe, & dans vn
canton de la place, toutesfois ſeul, fort haut
& s'y monte ſans degrez, ſinon des marches

eslongnees l'vne de l'autre, comme celles d'vn paué qni va en haut : il est fait au bout en pira-mide, auec vn Ange tournant selon le vent. Oú sont les cloches y a gallerie de colónes de mar-bre, & encor au commencement de la piramide autre gallerie & barriere de marbre, ornee & serree de soixante quatre piliers de bronze bien gros. Et tout contre ledit clocher & du costé du palais y a vn petit de salette qu'on nomme la lo-gette trois ou quatre marches de terre, tout marbre bien paré, ou Messieurs du Senat vien-nent demeurer quelquesfois sur les vingtdeux heures auec garde. Et le frontispice dudit basti-ment est orné de colonnes de marbre & maints personnages representant histoire, & aux deux costez de la porte deux personnages de bronze fort proprement trauaillez. Tout à l'opposite du palais S. Marc la Secque ou Monnoye tout de marbre du haut en bas, ou vous voyez main-tes chasses de fer, ou l'on dit estre l'argent & or monoye de la Seigneurie en nombre infiny. Au mitan de ladite Secque y a vn puis, & sur deux colonnes vne Saincte Iustine courónee. A l'en-tree de la porte deux grands Geans de marbre, & au bout du frontispice tout contre le toict, (qui est tout de plomb) maints personnages re-leuez seuls & separez, qui representent les faux dieux & deesses, & trois grands piramides en trois cantons, & petits personnages au bout de bronze. La vueille S. Marc on garnit le grand autel de l'Eglise, du tresor de pierrerie de la Seigneurie aux vespres seulement, & puis on la

de hau-teur 280. piés, de largeur à tout carré 40 separé de l'E-glise 80. pieds.

La Sec-que, ou monoye.

veille S. Marc & thresor qui se

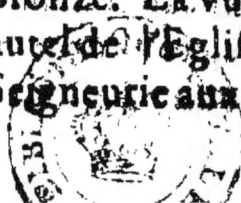

F 3

monstre de la pierrerie.

referre. Nous y auons veu au plus haut vn S. Marc releué en or d'affez grand eftature, & de chafque cofté vn chandelier my or my criftal, apres vn arbre d'or auec fueillage que fa Sainfteté regnante à mandé au couronnement de la Ducheffe prefente. Puis fur vne brãche d'or vne fleur de lis à quatre faces, ou eft enchaffé vn diamant que le feu Roy dõna à la Seigneurie qu'ils eftiment cent mille efcus. Il eft des plus gros & reluit extremement. La Seigneurie luy donna en contrefchange vne corne de Licor, & autres pierres precieufes. Apres trois grandes Couronnes d'or toutes plaines de pierres precieufes, celle du mitan du Duc de Venife, differente de la façon des autres, pour eftre couuerte baffe deuant, & pointe ronde, fur le cofté

Guy de Lufignã fut Roy de Cipre l'an de Iefus 1192. & iufques qu' il fut au pouuoir des Venitiens, y a regné 17 Roys, cõ prins Catherine la dernière.

du dernier les autres couronnes font pour les regnes de Cypre & de Candie que la Seigneurie poffede, fors Cypre occupé par le grãd Seigneur. Plus bas dix autres couronnes de Roynes que fouloient eftre de Cypre. Deffous encor douze cuiraffines (ainfi nommees) des Roynes dudit Cypre, que font proprement paremens & couuerture de gorge d'vne Princeffe, toutes d'or auffi, garniés d'vne infinité de pierres precieufes, & groffes perles, vn grand Calice d'enuiron trois pás de hauteur, fort large, tout d'or, oũ eft reprefenté depuis le pied iufques au cõmecemét de la coupe foit en or pierres precieufes ou perles les actes du vieux & nouueau teftamét, auec le garniment d'vne chapelle, tout orné de pierres & perles mefmes. L'eftuit ou eft enchaf-

sé vn diament de grãd pris. Vne grand Paix d'or
toute couuerte de diamans, saphis, esmeraudes
& perles,& entre beaucoup de chandeliers d'or
le moindre de trois pans de haut , il y en a deux
tous en petits personnages, & autres represen-
tations chose bien rare, de six pãs,& deçà & delà du Calice vn chandelier d'or façonné, ou au
bout y a vn Ange qui tient vn grand Escarboucle sur vne vergette d'or en forme de chãdelier,
& quatre autres petits Anges à l'entour d'iceluy
qui sont de mesme façon,& regissent chacun vn
Escarboucle. Tellement qu'à ses deux chandeliers ya neuf escarboucles,& vn saphis de la grof
seur d'vn œuf. Encor à main droitte vne Mitre
ornee tout de pierres precieuses. Le deuant de
l'Autel qui ne ce monstre que ce iour la, & autres festes solennelles, auec le pan & parure de
deuant tout d'argent sur doré en petits personnages releuez, auec maintes pierres perles par-
semees de differente qualité. Il y a encor pendu
sur le deuant & à part de l'autel deux grãds En-
censoirs d'or de telle grandeur,qu'vn seul homme ne les seut pendre à vn crochet, fort estimez.
Et deux cornes de Licor garnies d'or & d'argér,
auec vne chaisne d'or entre lesdits deux Encen-
sois. Les deux couronnes de Cypre & Cãdie en-
tournent chacune vn arbre d'or & feuillage.
Voyla tout le tresor qui ce voit ce iour la , & le
iour S. Marc. Le Duc alla oüir vespres en triomphe à ladite Eglise, habilé sur la teste vn cal-
loton de toile de Cambray qui luy pend sur les
oreilles, vn mantelot de peau tournant le poil

*Quãd à Can-
die les Cãdiots
ce soub-
mirent
aux Ve-
nitiẽs en
ladite
mesme
annee
1192.
& au re-
gne de
Henry
Dãdolo
quarãte
re vnief
me Duc
de Veni-
se.*

*L'ordre
q̃ le Duc
& Sena-
teurs tiẽ*

nent,& ſes ha-bits aux Veſpres de la veille S. Marc.

dehors,& deſſous vne robe longue iuſques aux pieds de drap d'or,meſlé de ſoye rouge,couuert d'vn pareſol grand de drap d'or broché, & vne petite chaire dorée accompagné de cent Sena-teurs portans tous robe longue de ſatin rouge, auec vne eſtolle (qu'ils appellent) ſur l'eſpaule, & quelques-vns violets, & maints autres offi-ciers portans chacun ſotane de ſatin & damas, auec vn deſſus d'eſcarlatte. On portoit deuant

eſtẽdars qu'õ por toit deuãt le Duc, ſa cou-leur, & que ſi-gnifiẽt.

ledit Duc huit eſtãdars, les deux premiers blãcs, les ſeconds bleus, les troiſieſmes violets, & les derniers rouges, deux de chaſque couleur, di-ſant que lors qu'ils ſont à la paix les blanches ſont premieres à la trefue les bleus, au doute & ſoupçõ les violets, & à la guerre les rouges, leſ-quels eſtendars demeurent tout le iour à l'eſca-le du geãt. A main droitte dudit Duc marchoit Monſieur Seguier Ambaſſade de France,à gau-che l'Embaſſade du Duc de Sauoye. Il y euſt grand muſicque,durãt le *Magnificat*, le Duc tint en ſa main vn chandelier d'or auec vne chan-delle ardente. Apres luy auoir donné de l'encés en donnerent à l'embaſſade de France, de Sa-uoye,& puis à chaſque Sanateur. Lendemain

Triom-phe du iour S. Marc.

du iour S.Marc ce monſtra meſme treſor: le Duc y ouyt là grand Meſſe en grand triomphe, ac-compagné des Senateurs le Legat de ſa ſainctε-té à main droitte, de France à gauche, & puis les autres, & ſur la fin de la Meſſe vint les peni-tans qu'ils nomment les Eſcolles en nombre de ſix le premier S.Marc, S.Roch, S.Theodore, la Charité, la Miſericorde, chacun auec ſa couple de vio

de violons, portans maints chandeliers d'or &
d'argent, bois furdoré, baffins d'argét des fleurs
dedans, portans auffi leur S. fur lequel ils font
fondez en eftature de bois doré, tous les penitens habilez d'vne toile blanche, toutesfois en
fes habits differemment marquez, dónant chacune des chapelets, vne chandelle de cire blanche dorée, enrichie de perles au Duc & à la Ducheffe, & a chafque Ambaffade, Senateurs & autres officiers vne chandeile blanche. Y ayant
mefme parefol, chere, eftendars, le bonnet de
drap d'or auec la robe de mefme brochee prefque orangé ou jaune doré. Tous les Ambaffades,
Senateurs & autres principaux officiers difne-
rent auec fon Alteffe. La Ducheffe & deux fien-
nes filles oüirent la Meffe d'vne gallerie qui eft
en ladite Eglife contre des orgues du cofté du
palais par ou elle entra, qu'eft tout le triomphe
qui s'y faict le iour S. Marc. LA veille de l'Af- *Triom-*
fenfion ne s'y faict autre chofe, finon qui fe mó- *phe de*
ftre au dit autel le mefme trefor. Le Prince y alla *la veill*
ouir vefpres en triomphe, tenant au *Magnificat de l' Af-*
vn flambeau ardant en la main, y a foire & com- *fenfion.*
mence ce iour la, & dure quinze iours, la place S.
Marc couuerte de boutiques de bois qu'ó y dref-
fe, auec diuerfe forte de marchandife. Ledit iour
on conduit le Buffantaure, tout deuant le palais
Sainct Marc, & de la porte qui vife à la mer,
de laquelle & fur barques on faict vn pont
de bois, & barriere tout à l'entour, ou au bout
dedans la mer eft le Buffantaure, & par ou fon Al
teffe & la Seigneurie entre dedans. Le Buffan-

G

Forme du Buſſantaure.

taure eſt fait de contraire façon de tout nauire,
ayant toutesfois poupe & proue doré & rougy,
le plus bas eſt la loge des forſats de la hauteur
d'vn homme, vn ſolier de long en long au mitan
& deça & della d'vne barriere de bois ſieges &
autres ſieges au long, & de chaſque coſté dudit
Buſſantaure, l'arbre nõ au mitan mais au commencement de la voute du poupe, qui eſt prefque de la façõ d'vne gallere, ledit arbre ſans voi-
le, ſeulement eſtendars des armes du Duc & de
la Seigneurie, & au bas iuſtement à la voute de
ladite poupe tournant à proue, y eſt enchaſſé
vn grãd eſcuſſon, & meſmes armes: à ladite poupe, & au bout il y a vne chaire ou ſon Alteſſe s'af-
ſied. Et tant que dure la poupe aux deux coſtez
de la longueur au dehors vne petite galerie de
piliers dorez, la poupe façonnee de figures S.
Marc, & fueillages dorez & maillez, A la proue
eſt releué en boſſe la Iuſtice aſſiſe ſur vn Lyon,
les balãces d'vne main & l'eſpee de l'autre, couronnee & dorée, tout le dedans tapiſſé, & le lõg
dudit Buſſantaure couuert de taffetas rouge &
blanc ſur des branches dorees & ſeparees com
la poupe d'vne gallere, pendant le taffetas ſurdoré, feuillages & figure S. Marc iuſques aux ra-

Triom-
du iour
de l'Aſ-
ſenſion.

mes. Lendemain iour de l'Aſſenſion le Prince
ſortit en triomphe auec la Seigneurie, & monta
ſur le Buſſantaure auec de galeres qui l'accom-
pagnoient, force volees de canons, auec vne in-

Façon
des Gõ-
dolles.

finité de gondoles, qui ont toutes vne couuerte
noire au mitã en forme de litiere. Il alla eſpou-
ſer la mer auec belles ceremonies, clerõs, trom-

pettes, & autres instrumens de musique, & ietta la bague dans la mer, disant ces parolles, *In signum perpetui Domini maris Adriatici.* Et s'en retourna apres à l'Eglise, S. Marc en grand triomphe ouïr Messe à cause d'vn peu de pluye qu'il y vint, car de coustume il va ouyr Messe à S. Nicolas de Lio, en memoire de la victoire obtenue vn mesme iour côtre Federic Barberousse. Et apres auoir ouy Messe donne à disner aux Senateurs & plusieurs autres. Ledit iour de l'Assension & durant la foire vous y voyez à chasque fois & auant que l'orloge sonne passer par deuant nostre Dame qui est au frontispice vn Ange qui trompette, & puis les trois Roys par artifice de bronse, & lors qu'ils sont tout deuant elle la saluent, sortant par vne porte, entrans par l'autre, qui ce voit à vne petite galerie en rôd aux pieds de nostre Dame. Nous vismes encor le matin du mesme iour par la faueur d'vn gentil-homme Venitien, quelques chasses pleines de saquins, & entre autres de grands pieces d'or ou est escrit à l'étour *Quando questa monetta sespesera tuta la terra tremara.* Il y a plusieurs autres deniers à la Secque dans de chasses de fer, bref la richesse de Venise innombrable! La veille ce monstre entre autres reliques vne Ampoulle plaine *del sago miraculoso,* qu'ils disent estre sorty d'vn Crucifix, auquel vn

Regna 1157. iusques à 1190. Federic premier de ce nom Empereur, fit guerre au Pape Alexandre troisiesme lequel fut receu dans Venise, & par les armes d'icelle la bataille gaiguer, & pource sa sainctete leur donna priuilege d'espouser la mer Adriatique comme princes des mers.

Tresor de la monnoye qui ce monstre à gens de qualité, & Francois la matinee du iour de l'Assention.

iuif auoit dōné vn coup de dague, les hōmes ont
permiſſion de le voir ce iour la, & nō les fēmes,
ou bien le lendemain, il y a grād deuotion. Nous
auons veu l'Arcenal, & demeuré dedans preſque
vn iour, à la porte duquel y a deux colonnes &
chapiteaux de marbre, au deſſus deſquels y ſont
les armes de la Seigneurie, vn Lyon auec aiſſes
de grand eſtature, & au deſſu. S. Iuſtine en marbre blanc, couronnee, auec vne dague au te-
tin & vne verge en main, & au deuant de ladite
porte y a vn peu du vuide, & plantee vne bigue
haute eſleuee qui ſert à deſployer les eſtendars
le iour des feſtes. Entrant audit arcenal y a vn
corps de logis auāt que d'entrer au large à gauche qui ſert à meſſieurs, & ou ſont les bureaux,
vous entrez apres dans l'arcenal ou y a vn grād
vuide tout en eau qui va iuſques à la muraille
qui enſeint l'arſenal, & tout à l'étour magaſins:
en premier lieu, & le plus proche de la porte à
gauche y a vn magazin & corps de logis, ou à la
premiere eſtage y a quatre cours de quarāte ſix
pans de long, & vnze de large garnies de cuiraſſes en eſcailles ſur le caneuats en nōbre infiny.
Autres armures, comme cuiraſſes, pots, cuiſſaus,
braſſaus, mouſquets, arquebuſes, eſpees, piques,
piſtolets ſans oublier vne antique arbaleſte groſ
ſe & grande qu'on tient pour merueille, lors que
vous entrez droit à la porte pēdue à vn crochet.
Au deſſus deſdites quatre cours, y en a trois autres tout de meſmes, & tout le long de ce coſté
y a galeries & magazins. Quittant ce coſté la &
repaſſant au deuant de la porte prenant à droi-

(marginal note:) Arcenal de Ve-niſe.

te'y a vn peu de place, ou il y a vn corps de logis
à simple estage, & douze forges dedans, tout
aupres des forges y a vn puis & vn bassin en for
me de benoistier, & allant ausdites forges, infinité d'armes fers de galiasses galions & galeres,
& en suitte les magasins des rames, & apres le
lieu ou on iette les canons en fonte, auquel lieu
y a vne grand roüe qu'on s'en sert à les manier
comme il leur plaist, & tout ioignant les mou-
les desdits canons auec leurs forges, & de long
des magazins ou l'on faict les poudres & voiles.
A l'opposite vn grãd cours de magazins, ou sont
les Galeres qui se commencét aux forges, touri
nant du costé d'vn autre grand vuido d'eau qu
est enseint tout desdits magazins. Desdits magazins de poudre, on va a vn magazin plain de
canós de batterie & de campagne mótez, roüës
en grand nombre. Ou à l'étree y en a vn qui tire
sept balles au coup grosses comme vne orange,
& vne autre de grosseur exorbitáte à trois bouches, tout au mitan du magazin. Autre magazin de canons de mer, pour armer cent galeres, & autres magazins de canons pour galeasses, tous plains lesdits magazins, entre les canons & autres parts de boulets, auec le garniment du changement de chacun tant de terre
que de mer, & plusieurs autres canós sans estre
en magazin, qui ne ce peuuent nombrer, & au *Henry*
dessus desdits magazins de canons est vne grãd *troisiesme Roy*
Sallle ou le feu Roy Henry disna venant de Po- *me Roy*
logne, à laquelle sale & trois cours qu'il y a à *de Fran*
costé de longueur de 66. pas y a pour armer cét *ce fus*

G 3

créé Roy de Po-
logne 1574. &
le quarāte qua-
triesme Roy, &
apres sa Maiesté
deux autres, le
premier regna
l'ā de Iesus 550.
Lecco les succes-
seurs duquel re-
gnerent iusques
à 700. qu'il ce
donna le gouuer-
nemēt aux dou-
ze Vaiuodes, vn
desquels apres
fut creé Roy, &
edifia la Cité de
Cracouia de son
nom Gracco, en-
cores fut gou-
uerné des douze
Palatins 750.
iusques 780. &
puis remis en
Roys, & aiour-
dhuy regnāt Si-
gisinōd dā cou-
ronné 1588.

mille infantassins, & à droitte de ladite salle y a quatre cours garnis de cuirasses, pots, brassaus, rasseres, mousquets, arquebuses, pistolles, piques, demy picques, hallebardes, espees, y ayant pour armer encor autres cent mille hommes, & aux quatre bouts chacun son phare de galeres de Turc, qui furent prinses à la iournee S Iustine. Et à chasque bout de ladite salle ou le feu Roy disna, deux armures de pied à cap dorees. Autre grād salle d'armes propres & expresses pour combatre sur galiottes, cuirasses, grādes espees & autres armures y ayant pour armer deux cens galiottes. Autre magazin tout plain de charette & garnimens de canons, auec vn Mourtaro au mitan pour tirer la balle en l'air à trois grands pans de bouche. Autre magazin de bois de galeres, & quelques canons, & entre autres vn grand & long à deux pans & demy de bouche. Autre magazin de balles de canon, ou l'on dit y en auoir cent mille, & cinquante estendars de Turc. Autres magazins de thimons de galiasses, galions galeres en grand nombre. Autre magazin d'arbre desdits vaisseaux, Et apres vn grand cours de magazin de galeres, galeasses, au bout desquels & au commencemēt des magazins des galions y est le Bussantaure, & apres auoir passé vn petit pont de bois qui est sur vn

canal qui ce ioint aux deux grands vuides d'eau
dudit arcenal y eſt le magazin de cordes & voiles, & trois arbres hauts qui ſeruent à les y deſployer, pour les eſſuyer. Dás ledit arſenal y peut
auoir vne quinzaine de galiaſſes, vne vingtaine
de galions, deux cens cinquante galeres , & ordinairement ſur mer ſeptante galeres pour le
ſeruice de la Seigneurie qui battent les coſtes
de la mer Adriatique, dans ledit arcenal y a touſ
iours quatre mille hómes entretenus, & qui trauaillent, les vns à faire canons & poudres, char-
pentiers, cordiers, faiſeurs de voilles, rames, fers
& autres choſes. Il eſt d'vne grandeur incroia-
ble, & comme vne petite cité, aupres ledit arſenal tirant vers S. Marc y eſt l'Egliſe S. Martin
parroiſſe. S. Iean de Paule audit Veniſe eſt vne S. Iean
des belles Egliſes qui y ſoient, & y a moines de de Pau-
l'ordre S. Dominique : au dedás de l'Egliſe deux le.
hommes à cheual de bois ſurdoré, que la Seigneurie a faict releuer , & ſe nomment l'vn Ni-
colao Vrſino , & l'autre Leonardum Pratium.
Deuant le frontiſpice de ladicte Egliſe y a vne
place, dans laquelle & proche de l'Egliſe à l'oppoſite du College des Penitens S. Marc, eſt vne Choſe
grand maſſe de marbre haute eſleuee plus lon- notable
gue que large, à quatre cantons, ornee de ſix d'vn hô-
grands colomnes toutes façonnees de trophees me &
armés, eſcus & autres embelliſſemens, meſmes cheual
aux chapiteaux quelque bronze feuillage doré, de bron-
& au bout de ladite maſſe de marbre y eſt rele- ſe qu eſt
ué en boſſe & en bronze ſurdoré vn cheual & Bartho-
homme au deſſus de grand eſtature , l'homme lome.

colleone armé tenant vn bafton en la main, lequel eſtoit
bienfai-(à ce qu'ils diſent) le general des armees des
cteur de Venitiens , y ayant du coſté ou il tourne la
la Sei-face entaillé en ladite maſſe ſemblable in-
gnenrie ſcription , *Bartholomeus Colleone Bergomenſi ob-*
millitare imperium optime geſtum, auec vn S. & vn
T. de l'autre coſté autre inſcription, *Ioanne Mau-*
Egliſe S *ro & marino venerio curatoribus. Anno ſalutis* 1495.
Frãcois. L'Egliſe & couuent S. Francois aſſez beau , au
frontiſpice de l'Egliſe à coſté & au plus haut de
la porte y eſt releué en bronze bien trauaillé
S. Geor-Moyſe & S. Paul tous de grand eſtature. L'egli-
ge, ſe S. George, le grand autel repreſente vn monde fort grand de bronze ſurdoré , erigé ſur vne
grand maſſe de marbre trois degrez à l'entour,
regy ledit monde des quatre Euangeliſtes, chacun ſa figure , au deſſus & plus haut du rond y
eſt noſtre Seigneur, & au mitan & face de l'autel le S. Eſprit le tout de bronze, l'Egliſe couuerte de plomb. A Souecque tout contre ledit S.
Cappu-George le long du port en iſle ſeparee ou il y a
cins. beaucoup de maiſós & Egliſes, y eſt entre autres
l'Egliſe des Capucins fódee de nouueau en l'hõneur de S. Sauueur, par vn veu que fit la Seigneu
rie du téps de la contagion, & ya vn grand Cru-
Mourã. cifix, S. Hyeroſme, & S. François, de brôze. Nous
fuſmes à Mouran iſle à vn mille de Veniſe grã-
de, ou l'on ny fait que du verre , & y trauaillent
le criſtal fort proprement , ou eſtant nous viſmes la mer à ſec, & ç'eſt à cauſe qu'elle diminue
& croit de ſix en ſix heures, en allant dudit Veniſe à Mourans vous trouuez premier l'iſle &
Egliſe

S. Chriſtol, apres l'iſle & Egliſe S Michel, ou à gauche de la porte & peu ioint auec l'Egliſe y a vne chapelle belle toute de marbre, faicte en Domou, fondee par vne Courtiſane de Veniſe qui laiſſa grands deniers au Couuent, Veniſe ſans murailles & ſans garde, on aborde dedans à toute heure, il ne s'y peut venir que par trois paſſages, à chacun deſquels y a fortereſſe dans la mer, laquelle à vn ſeul paſſage peut regir galleres & vaiſſeaux de guerre, les forts eſlonguez les vns à cinq mille, les autres à huict, & d'autres à quatre, ne ce pouuant batre, & gardent d'aborder à la ville : & d'autres iſles habitees ſeruant auſſi à vn beſoin pour la deffence. Bref inexpugnable. La Cité eſt diuiſee en ſix parties, trois della le canal grand, & trois deça, lequel canal de mer à mille trois cens pas de long, & quarante de large, orné deça & delà de ſuperbes palais, & ne s'y paſſe à pied d'autre lieu que par el ponté Rialto, les ſix cartiers ce nomment Caſtello, Sancto Marco, Canareio, Sancto Paulo, SanctaCroce, Dorſo duro, auſquels il y a ſoixante deux Paroiſſes, bien cent Egliſes de Nonains ou Religieux, vingtcinq hoſpitaux, & ſix compagnies & chapelles de Penitens. Il y a dans la dite ville quatre cens ponts, que communs, que particuliers, ou pour paſſer d'vne rue à l'autre, ou pour entrer aux palais, le plus grand & notable eſt Rialto qui trauerſe ledit canal à 38. huit petits pas de large, quaráte huit boutiques au deſſus, vingt quatre de chaſque coſté de la longueur, & toutesfois ſur le mitan & plus haut ſeparees, tellemét qu'ils ſōnt de douze à douze.& forment trois grands paſſages, ſur ledit pont. On fait nombre de quin-ze mille gondolles,& ce ſont les cheuaux & carroces de Venitiens pour marc. par la ville,& lieux plus proches. Il ia regné à Veniſe huiſtante neuf Ducs.

Gondolles en nombre de quinze mille
Le nombre des Ducs.

CHIOSA, Cité Eueſché à 25 mille de Veniſe , au bord de mer , ou y a vne noſtre Dame de Grace en grand de-uotion , & miraculeuſe , il eſt aux Véni-tiens,muraillé.

Chioſa.

TREVISE,Cité,Eueſché,à 20 mil-le de Veniſe aſſez forte des Venitiés y auoit des Fraçois en garniſon, & ce dit en prouerbe , tripes de Veniſe pour s'en faire de bonnes.

Treuiſe acque-rie par Veniſe au regne d'Antonio Veniero Duc qui regna depuis 1383. iuſques 1400.

PADO VE,des Venitiens à 25.mille de Veniſe , & s'y va en barque tiree par cheuaux, ſituee en belle plaine, E-ueſché,grand ville ; baſtionnee reueſtue de brique,foſſez plains d'eau,terre plain, & tout le long des lices,& ſur le pied des baſtions au dedans, force arbres.y ayant vuide d'arbres tout à l'entour, & hors de la ville enuiron vn mille & demy en prai-ries & terres,belle entree de porte,ornee de maints pilliers de marbre , logeaſmes à la cloche, ou nous fuſmes voir le palais

Padoue.
Fortification.
Padoue acque-rie par Veniſe ſous le Duché de Michel Eſtene, qui regna l'an 1400. iuſques à 1413. l'occa-ſion eſtoit qu'ils s'eſtoient liguez.

du podeſtat qui eſt à quelq̃s pas de la, au
quel y a vne belle grãd ſalle.des plus grã-
des d'Italie, pour auoir cent ſept pas de
long,& trante huict de large,toute couuerte de plomb, auec galleries tout a
l'entour, & le deſſous tous boutiques,
ou il y a rues à trauers de tous coſtez,&
ce mõte en ladite ſalle de quatre endrois,
à chaque bout de galerie, le tout ſeparé
du corps de logis qui eſt aſſez beau. A
chaſque face & longueur du palais y a
place au coſté : & quelques pas plus a-
uant, autre place de la Seigneurie aſſez
grande, ou ſont les palais du Capitaine
& Gouuerneur,& ſur la porte eſt l'orloge qui dõne entree audit palais, ou vous
y auez vne autre grãd place.Tout à l'oppoſite dudit palais y eſt l'Egliſe S. Cle-
ment.A gauche la maiſon de la Ville, &
tout deuãt vne bigue haute, eſleuee plantee à vne grand maſſe de marbre qui ſert
à deſployer les eſtandars. Le Demou
aſſez beau & antique, ioinct auec l'Eueſché, les fons bapriſmales à part. Au
bout de ville eſt l'Egliſe Sainct Anthoine
de Padoue ou y a place & cimetiere au
deuant du frontiſpice, à l'entree duquel
cimetiere à droitte y a vn grand pilier
de marbre, cheual & homme deſſus de
bronze de grand eſtature, qu'on dit eſtre
le Capitaine Gatamella dudit Padoue,
qui auoit eſté capitaine des Venitiens,

auec les Gene-
uois contre les
Venitiens.

*Pallais du po-
deſtat & ſa ſal-*

*Pallais des
Capitaines &
Gouuerneur.*
Notte que le Ca
pitaine commã-
de les gens de
guerre , & le
Gouuerneur la
garde & forte-
reſſes. Car la
ſeigneurie à tou-
iours ſus pied
caualleriε& in-
fãterie meſpar-
tis en ſes places.

*Capitaine Ga-
tamella.*

H 2

vaillant, & de l'autre cofté vne Croix fur vne colonne de marbre ; audit frontifpice y a deux galleries l'vne fur l'autre. Le grãd autel vis à vis de la grand porte, au deffus duquel y a vne noftre Dame à cofté droit Daniel, & l'autre S. Iuftine, & plus bas à cofté droit S. François, & de l'autre S. Anthoine, toutes lefdites eftatues de bronze, & tout le tabernacle orné de piliers de marbre noir & blanc. & figures de mefme. Du cofté droit dudit autel & au pied des marches vn chandelier auffi de brōze d'vne grand hauteur, en forme piramidalle, auec vn grãd pied de tail de marbre. A l'entree du cœur à cofté droit y eft S. Prodothifme premier Euefque de Padoue, & de l'autre S. Ludouico de grãd eftature, & tout à l'étour du cœur par dehors eft reprefenté en tableaux de bronze & images releuez en boffe le vieux & nouueau teftament, en chafque cofté vne muraille de marbre qui ferme le cœur, vn peu diftant duquel y eft fermee vne autre entree, au deffus vn Crucifix de bois, & de chafque cofté les quatre vertus en bronze, & à gauche de l'Eglife & de ladite entree, vous y

chapel- S. An- thoine. auez la chapelle S. Anthoine tout de marbre, au deffus de l'autel haut efleué S. Anthoine, à cofté droit S. Bonauenture, & de l'autre S. Loys, & à l'entour dudit autel & chafque canton vn Ange le tout de bronze, tenant chacun vn chandelier à la main, & àlentour de ladite chapelle y eft releué en boffe & petits images la vie & miracles S. Anthoine en marbre blãc. Il y a à ladite Eglife fix Domous deux clochers, & vnegrãd for me piràmidale , le tout & le reste du toict couuert de plomb. Et plus auāt à la place de la Melisse fort grande l'Eglise S. Iustine neufue ou est son corps, & vn cœur en charpenterie magnifique , representāt le vieux & nouueau Testament. Et entre lesdites deux Eglises, est le iardin di Simplici tout rond, & du mitan vous voyez les quatres portes en croix ou il y a de toutes sortes d'herbes medicinales, & les Escolliers de Medecine y viennent ouir leçon May & Iuin, tout à l'entour vignes & prairies, le tout appartient à S. Marc. Audit Padoue est le sepulchre d'Anthenor fondateur de ladite ville, regi sur 4. piliers fait en chasse la couuerture à dos d'asne , auec quelques escrits qu'on ne peut lire. Il y a vn sauatier ou rabilleur de souliers qui ce loge le iour sous le sepulchre d'Anthenor , & proche de la deux autres sepulchres des anciens de Padoue. Qui aura le loisir pourra voir encor la grotte de Plutarque hors la ville.

Saincte Iustine.

Iardin di Simplici.

Sepulchre d'Anthenor & d'anciens de Padoüe, c'est celuy dont parle Homere sur la destruction de Troye, laquelle ville il trahit , & fut cause de sa perte , & des Roys Troyens sont descendus les nostres

VINCENCE , Cité Euesché des Venitiens, muraillée, & trauersée de deux riuieres, Baquion & Lodor, y a accademie à cinq mille de la ville. Au Domou le cœur & autel fort haut esleué, & sur le pied des marches y est pēdu au ciel de l'Eglise vn grand lampier de bronze: vous y auez le palais du podestat , qui à

Vincence. Accademie. Le Domou. Vincence ce donna aux Venitiēs au temps qu'ils prindrēt Padoue ainsi q̃ sur icelle est parlé.

vne face qui tourne à vne grand place pauee de brique & marbre à trauers, & tout à l'opposite le palais du Capitaine & Gouuerneur, audit palais du podestat y a vne grand salle faicte à la façon de celle de Padoue couuerte de plomb, galletie des deux costez, separee du corps de logis, ce trauersât au dessous, ou y a forces boutiques, & de l'autre costé vne petite place carree ou au bout & tout ioignant le corps du pallais y a vne tour de brique, & de l'autre costé de place l'or-

loge, beau & des plus hauts, & au deuant ledit orloge y a vne grand & fort haute colonne de marbre, figure de S. Marc au dessus.

VERONNE, grand Cité, Euesché des Venitiens, ou y a Podestat Capitaine, chasteau fort sur le haut de la ville, situee sous le pied des collines cultiuables, bien muraillee, bastionnee, reuestue, terre plain en chasque principal flanc, & fossé à l'entour, ceinte d'vne part & trauersante d'vne riuiere qu'on appelle Adeze, à laquelle & dans la ville à quatre ponts. Le Domou vous y auez vne place auec vn puis au mitan. Le cœur de l'Eglise formé en rond, la moitié à iour, orné de piliers de marbre grisastre, du plus beau, & sur la porte & entree du cœur vn crucifix de bronze, & à chasque costé du chapiteau de la porte vn Ange de bronze tant dedans que dehors. Le grand autel & tabernacle est au dedans dudit cœur, esleué sur vne masse de marbre & soustenu par quatre Anges de brôze. Les orgues hors du cœur à gauche, dorez, La

place puplique beaucoup plus longue que lar- La plage, au bout de laquelle y a vne colonne de mar- ce pu-
bre haute & fur le chapiteau vne figure S. Marc, blique.
& à l'autre bout de ladite place vn pilier, ou au
deſſus exercent la Iuſtice, & au mitan vne fontaine à grand vaſe rond, au deſſus vne femme
courónee qui fignifie (à ce qu'ils diſét) vne Royne ou Dame qu'a eſté de Veronne, & tout deuant vn ſiege couuert d'vn ciel, regy de quatre
piliers, ou le Podeſtat s'aſſied, lors qu'il eſt creé:
& encor tout pres fur vne colonne de marbre
couuerte d'vn ciel en forme piramidalle, vne
maſſe auſſi de marbre, ou l'on dit eſtre les eſ-
crits de la ville, que lors qu'ils viendroient à pe-
rir on auroit recours la. Dauantage au mitan de
la place vne bigue haute eſleuee plátee en marbre, qui fert à defployer les eſtendars de Veniſe.
Et droit peu diſtant de ladite place, y a vne au- Place de
tre place carree qu'ils nóment la place de la Sei- la Seigneurie ou eſt le palais du Podeſtat, Capitaine, gneurie
Gouuerneur, la douane, la maiſó de ville, & autre maiſon ou habitent les Officiers de la Seigneurie. Tout pres, & à dix ou douze pas de ladite place fur la rüe, & ioignant l'Egliſe ſainĉte Sepul-
Marie antique, tout deuant du palais du Pode- cres &
ſtat faiſant canton, y eſt vn cimetiere clos d'vne cimetie
muraille, & au deſſus des piliers qui ce lient auec re de ca
de grilles de fer, tout à l'entour & au deſſus chaſ ſe Eſca-
que pilier vne eſtatue de marbre, ou au dedans lieri, ia
y font les ſepulchres de la caſe Eſcalieri qui fou dis ſei-
loient eſtre Seigneurs ſouuerains de Veronne, gneurs
& à l'entree du cimetiere y a vn ſepulchre tout de Verő-
ne.

de marbre couuert d'vne imperialle souſtenu
de piliers qui eſt du Comte Nogarollis parant de
ladite maiſon fait l'an 1210, & entre quelques
ſepulchres, y en a de trois freres, l'vn de Cance-
norio fort eſleué ſur piliers de marbre en rond,
touteſfois cantonné, ou eſt le ſepulchre en forme piramidale, auſſi haut eſleué, ou ſur le bout
y eſt à cheual, entournee ladite pointe de piramide d'autres piramides & perſonnages, clos
ledit ſepulchre d'vne grille de fer liee contre
ſix piliers, au deſſus des eſtatues tenant les v-
nes vn eſcu en la main, & les autres vne eſpee, chacune ſa couuerture en forme piramidale
ſouſtenue de quatre petits piliers. La 2. ſepulture de Camaſtin preſque en meſme forme, non
tant orné de perſonnages, ny piramides que celuy la. Et le 3. de Cangrande ſur la muraille, &
& au deſſus la porte de ladite Egliſe en forme piramidalle y eſt repreſenté à cheual : tous leſdits
ſepulchres & ornemés de marbre antiques qu'ó
eſtime beaucoup. Vous auez audit Veronne
d'antiques Arenes ou amphiteaſtres à la place
de Labſa, ou eſt la muraille & porte antique de
la ville, depuis augmentee, elles ſont à la meſme forme de celles de Frejus, & plus entieres, le
deſſous tout habité pour y auoir à l'entour 72.
voutes de quinze pieds de large chacune. Deſquelles y en a deux pour l'entree, & le reſte tout
boutiques, eſcuieries & habitations. Il y a encor au dehors du coſté gauche de l'entree quatre voutes, en long, & trois l'vne ſur l'autre veſtige d'vn autre enſeint de voutes qu'il y auoit.

*Arenes
de Veró-
nes les
plus en-
tieres
d'Italie.*

Ioinct

Ioinct toutesfois auec le corps : nous fusmes au
dedans, ou il y a barriere de long, & carriere de
chasque costé pour courre la bague. Vous y a-
uez 42. sieges de deux pans de hauteur, tous en-
tiers pour auoir esté refaits,& quelques voutes
tournant à ladite porte Labra rabillees , tout à
l'entour y paroist voutes l'vne sur l'autre. Il y a
deux forts du costé de la montaigne, dont l'vn *Forte-*
qui est le fort S.Philippe est gardé, & est contre *resses.*
la muraille,bastionné & reuestu de brique.L'au *Vieux*
tre fort S.Pierre qui va iusques à la riuiere. Ou- *chateau*
tre y a vn vieux chasteau au cartier de Sulcorse, *& son*
ou est le quatriesme pont qui donne à la cam- *pont.*
pagne, entre deux corps de ville:il ne s'y passe
qu'en temps de guerre, & sert seulement audit
chasteau, par lequel il faut passer pour aller sur
ledit pont à quatre arcades ,& du costé du chasteau y en a vne fort grande, ledit chasteau est
gardé & y a fossé tout à l'entour.Nous vismes ce *Nôbre*
iour la pres dudit chasteau cent ou six vingts *des car-*
carroces pour estre Dimanche , accompagnant *roces.*
la femme du podestat qui alloit au monastere S.
Catherine y voir mettre vne Nonnain.

BRESSE , Cité Euesché des Veni- *Bresse,ceste vil-*
tiens forte bastionnée,fossé contres- *le aquerie par*
carpe reuestue de brique, citadelle de *les Venitiës au re*
mesme.Le Domou assez beau & la place *gne de Frances-*
espacieuse. Il y a force faiseurs de cui- *co Foscari leur*
rasses,& de toutes sortes d'armes y a Po- *Duc qui regna*
destat Gouuerneur Capitaine, la ce font *l'an 1423. ius-*
les armures & pouruoiemés de l'arcenal *1454.& s'estoit*

I

de Venise.

BERGAMO, Cité Euesché des Venitiens forte & bien muraillee, situee sur collines & pieds de montaignes, y a Citadelle bastionnee & reuestue de muraille, force fontaines, la plus part des rues en descente, à trante milles de Milan.

MANTOVE, Duché, grand cité Euesché bien muraillee & bastionnee, enuironnee d'vn lac fort large, auec force eau portant

barque iusques au Po, prenant son cours vers Ferrare & Fracolin & della à Venise, sort la plus part de Mantoue, mesme y en passe dudit lac vn grand canal qui trauerse la ville fort coulant, & s'en va encor ietter audit lac d'vn bout de ville, ou dans icelle fermé de muraille il fait vn petit

lac qu'on nomme le port, ou vous voyez force barques. Nous entrasmes par la porte du bourg S.George, fort grād, enseint d'vne muraille fort antique, couuerte de lierre & eau tout à l'étour, & della pour aller à la ville vous passez sur vn pont & carriere de muraille qui trauerse le lac d'vn demy mille de long, presque tout couuert,

& au bout & entree de la ville, vous y auez le chasteau du Dūc, basty de brique, flāqué de quatre belles tours eau tout à l'entour. Et tout ioignant son palais & demeure, ou y a maintes basses cours & corps de logis, beaux iardins escuie-

ries pour y loger trois cens cheuaux: nous y en auons veu pour le moins deux cens, qu'est l'or-

dinaire feruice de fon Alteſſe, la plus-part che- *belle &*
uaux de faction. Ledit palais regarde d'vn coſté *mieux*
ſur le lac,& de l'autre vous y auez vne place fort *garnie*
eſpacieuſe,ou eſt le Domou en teſte,&à l'oppo- *d'Italie.*
ſite dudit palais, & vn peu plus auant dans la
ville tout droit de la grand rue à gauche vne autre place carree ou il y a piliers en trois faces &
grille de fer,& plus bas le long de la meſme rue
vne place plus longue que large, au bout y eſt
l'orloge, & à main droitte vn autre petit vuide
fermé de piliers & grille de fer, & tout deuant
l'Egliſe S.André, ou l'on tient qu'il y a du ſang
de noſtre Seigneur à vn peu d'eſpóge,& le corps *le corps*
de Lógin. Et paſſé ladite place trauerſant la vil- *de Lon-*
le par vne grand rue,vous y auez la porte de la *gin.*
Piſterla,ou y a ieu de pallemar le long des lices, *Ieu de*
ou nous viſmes iouer vne demie heure ſon Al- *palle-*
teſſe,auec vn Signor Carlou Rouxo Florentin, *mar*
ſur ladite porte y a vn petit palais du Duc,& ſor- *aux li-*
tant ſur vn petit pont à quatre arcades, vous *ces.*
trouuez vne belle carriere & allee d'vn grand
mil de long tiree à droit fil,auec arbres de chaſque coſté à quantité fort grands, ou vous auez *Palais*
à gauche le palais de plaiſance, auec beaux iar- *de plai-*
dinages & prairies de ſon Alteſſe, & tout deuãt *ſance.*
la porte vne autre grand allee qui trauerſe l'au-
tre.Ledit palais à quatre corps de logis, & grãd
baſſe cour carree. Vous auez vn autre bourg
appellé Porte, venant de Villefranche grand
chemin de Veronne,enſeint de murailles, eau à
l'entour, & autre pont & paſſage de meſme que
l'autre non ſi long. Il y a quelques autres por-

*Ludouico Gon-
zaga gouuer-
neur* 1328.

rès & passages sur le lac, comme vn chemin, & non plus espacieux. Le Duc de
case Gózaga possedant ladite Duché des-
puis 1328. que Loys Goniaga fut gouuerneur de Mantoue, depuis erigée en
Marquisat, & le premier marquis fut

*Francesco mar-
quis* 1407.
vrancesco DUC
1519.

Francesco l'an 1407. & apres en Duché
Francesco premier DUC 1519. iusques à
Vincezo ce iourd'huy regnant, ayant es-
pousé la seur de nostre Royne.

L AMIRANDOLE, à trâte milles
de Mantoue petit lieu, le Comte de
Lamirandole à fort peu d'authorité, &

Lamirandole.

vortification.

plustost sont à eux, autresfois gardee par
les François, forte inexpugnable, bastionnee & reuestue de brique, fossé eau dedans, & en grand plaine, les soldats pes-
chét à la ligne en sentinelle dessus le ba-
stion.

R AVENE, grand Cité antique, Legat, Podestat & Gouuerneur appar-

*Rauenne
Ceste ville fut
fondee peu a-
pres Rome, com
me disent au-
cuns par Cra-
nus Razenus si-
xiesme Roy d'I-
talie l'an du
monde* 2007.

tenant au S. Pere, enseint de murailles
antiques, à la plaine sept mille loing de
mer, & à 125. milles de Venise, gràds rues
larges belle grand place, palais du Legat
& podestat, Domou bien antique, les
portes de bronze qu'ils prinsent à Pauie,
la ville vuide & vaste de tres-grand circuit. Elle n'est plus à la splendeur de son
ancienneté, & telle qu'elle estoit (à ce

qu'on dit)du temps que y regnoiét les Essarchy
di Rauena,ainsi nommez, le premier fut Lon=
gino l'an 589. & regnerent iusques à Euticho,
729,que le S. Siege en print la possession.

RIMINI, Cité, Euesché, Podestat pour sa *Rimini.*
Sainéteté, sur le grand chemin de Boulon-
gne à Lorette,situee au pied des colines,ou pas- *En ceste*
se vne riuiere appellee Marechia,du costé dudit *ville fut*
Boulongne, ou y a vn pont fort antique à cinq *döné ad*
arcades,basty de fort grosses & grandes pierres, *uis à lu-*
ladite riuiere leur sert de port, pour estre la vil- *le Cesar*
le situee en riue & plage de mer, & la mespart *de la cö*
d'vn cartier & en partie. La place publique du *spiratiö*
costé de la Romagne, ou est la chapelle S. An- *de sa*
thoine de Paule & l'orloge. Le proiect des mai- *mort à*
sons regi sur piliers, & du costé des colines vne *Rome.*
autre place ou est le palais ciuil & criminel. Vn
vieux chasteau fort antique, & le Domou d'vn *chateau*
costé,& de l'autre proche des maisons deux fö-
taines,à vingtcinq pas l'vne de l'autre.

PESERO, du Duc d'Vrbin, ou il faict sa *Pesero.*
principale demeure,Cité Euesché,bien muraillé,bastionné & reuestu, situé entre deux colines, toutesfois en plaine & riue de mer Adriatique,non trop grand ville,mais bien rangee,&
agreable, venant par terre du costé de Venise le
long de la mer, sur vne coline proche de ville *Palais à*
est le palais imperial dudit Duc, ainsi nommé *la cam-*
beau: & plus bas à riue de mer vn autre palais, *pagne.*
auec grands iardinages, vignes & arbres frui-

tiers, enfeint de murailles de ce cofté de terre, & contre la ville y paffe vne riuiere qui fert auffi de port & a pont. Vne belle grand place carree,

La pla-
ce.
au mitan vne fontaine, trois marches à l'entour d'vn grand baffin rond, toutesfois façonné en maintes pointes, ou au mitan y a carté de marbre formé en piliers, & à l'entour huiçt pillers courbez, ou à chacun y a fçauoir au plus haut vne tefte de Lion, & au mitan des teftes d'enfançons, tout bronze, & traie ladite fontaine ordinairement huiçt tuiaux de la bouche defdites faces. Le Palais du Duc au deuant de ladite

Le pa-
lais du
Duc.
fontaine, faifant canton en la place, ou entrant y a vne belle baffe cour carree, & vne autre gràd baffe cour à gauche: & en ladite premiere auffi à gauche en entrát fur vn pilier carré y a vne gràd eftature de marbre qu'eft vn Duc d'Vrbin qui à efté general des armees Venitiennes, & d'vn autre cofté de ladite place l'Eglife S. Dominicque.

Le Do-
mou.
Le Domou vn peu eflógné de la du cofté de la mer: & vifát à Encone vous y auez vne forterefse formee en quatre gràds efperons reueftus bien réduits: l'efcurie du Duc a patt du palais, & à vn autre bout de ville proche de la porte le lóg des lices du cofté des colines, il n'y a qu'vn corps

Efcurie.
bien long, ruftement pour y ranger cent cheuaux, & tout le long & dehors de l'Efcurie y a vn couuert fouftenu de piliers deftiné à picquer les cheuaux, le difant pour en auoir veu batre.

Vrbin.
VRBIN, aux montaignes à vingt mille de Pefero, Duché, cité, Euefché fort & bien

muraillé, citadelle ou chasteau bastionné & reuestu, plus grand que Pesero, & non tant beau,
les rues estroites & penibles, le palais du Duc *Palais.*
assez beau, son escuirie pour y loger cent vingt- *Escurie.*
cinq cheuaux. Le Domou ioly, la place assez *Domou.*
grande, au fort du chaut le Duc y reside pour
estre situee entre des montaignes hautes & froi
des & s'y trouue de neige en Iuin. Le Duc Fran- *Fideri-*
cesco Maria (& le premier fut Fidericol'à 1443) *coi duc*
mourant sans enfans legitimes vient au Pape *d'Vrbin*
tout ainsi que Ferrare. Il c'est remarié de nou- *1443.*
ueau auec vne ieune fille de ses subiets, pour n'a
uoir eu enfans de la premiere femme.

FANO, Cité Euesché à sa Sainĉteté, gouuer- *Fano.*
neur podestat en riue de mer, muraillé & à
des lieux bastionnee & reuestue de brique, trauersant la ville au mitan vous y auez vne grãd
place carree pauee de brique ou est le palais du
podestat, l'orloge, & l'Eglise S. Siluestre.

SENEGAIO, du Duc d'Vrbin, Cité Eues- *Sene-*
ché forte bastionnee reuestue de muraille, *gaio.*
en riue de Mer, duquel costé est le chasteau flã-
qué de quatre belles tours rondes & grandes,
auec murtiere tout à l'entour, & la courtine de
mesme. Outre le corps de la ville bien serré de
murailles & bastiõs du costé de Fano, Il y a nom
bre de maisons que la riuiere separe dudit corps
enseintes d'vn bel espero reuestu de brique c'est
la ou sont les logis: ladite riuiere fort commode
& leur sert de port, la nommant Nogola, allant

à Encone, & contre la muraille de la porte vne fontaine qui raie vn gros canon. A my chemin dudit Senegaio à Encone, vous trouuez vne groſſe grande tour à double muraille qui ſert de garde contre le Turc, ou y a quelques logis au-pres. La mer Adriatique n'eſt pas tant dange-reuſe, ny tourmentee, ny tant de fonds que la mer Mediterranee, s'entant enuiron deux lieux de terre, qui fait que toutes villes pour peu de riuiere qui y paſſe s'en ſeruent de port. & vous voyez des barques qui ont ietté fond en plaine mer, & à vne lieuë dedans, ce que n'oſe-roient faire à la Mediterranee, & pource n'eſt eſtrange que nous vous diſions que ces lieux ſe ſeruent de port de petites riuieres.

Peu de fonds & nauiga-tion de la mer Adriati-que.

Encone. forte-reſſe.

Le Do-mou.

Encone fut Mar-quiſat l'an de Ieſus 715.

La pla-ce.

ENCONE, Cité, Eueſché, port de mer de grand importance de ſa Sainéteté, ſituee en-tre des monts qui ſont de l'enclos & enſeint de la ville, ou le fort eſt à celuy du coſté de la Ro-magne, bien baſtionné & reueſtu de murailles à chaux & ſable, auec force canons, & de l'autre le Domou, haut & ſeparé des maiſons du coſté de la mer, la porte de laquelle Egliſe tourne ſur le port. Vous y auez maints corps ſaincts, & en-tre autres vn bras de S. Anne. La place plus lon-gue que large, ou eſt le palais du gouuerneur au long, & d'vn bout de la Madona Coronata à force degrez pour y monter de la longueur de la place & deſcendans par l'autre bout du coſté de la mer y eſt la loge qu'ils nómment, qu'eſt vne ſalle enrichie de beaucoup d'eſtatures, peintu-res

res, dorures & autres ornemens, auec vn peu de gallerie de marbre sur la mer. Allant au port, & sur la courtine y a vne belle antique, toute de marbre blanc en forme de portail, ou y a quatre grands colónes en chacune des deux faces deux de chasque costé, ou du costé de la ville y est entaillé quelque escrit qui ne ce peut lire à cause de l'antiquité, presque tout effacé. Aupres de la porte nostre Dame de Lorette, & contre vne muraille y a vne fontaine qui raie par faces, à 13. canons, douze faces de bronze. *antique*

SIROLLES, muraillé en riue de mer sur vn petit coutaut à 5. milles de Lorette, fort antique, ou au pied du coutaut & chemin de Lorette y est l'Eglise du S. Crucifix, dont les Italiens font tant de cas, c'est vne petite Eglise au mitan croisee de deux chapelles & autres, le grád autel à iour, ou vous y auez vne petite custode toute enrichie de petits piliers à l'entour & piramides au dessus, & de chasque costé vn Ange tenant vn chandelier, puis vne grand grille de fer rougie, & au dernier dudit grand autel, vn autre autel, ou est le Crucifix, cloué à quatre cloux, deux aux pieds, parce qu'ils ne sont point l'vn sur l'autre: ains clouez & separez contre vne grand croix de bois platte, couróné d'vne couronne de bois, & au dessus vne d'argent, & de long sept ou huict autres couronnes, ledit Crucifix couuert (fors la teste & les pieds) d'vn drap rouge, entre ledit lieu de Cirolles & ladite Eglise y est vn couuent S. François. Il ce *Sirolles.* *Facon du Cru-cifix.*

K

dit, qui va à Lorette, & non va à Sirolles, vede la
Madre , & non vede el Filhollou. Et c'eft pour
vous monftrer cóbien on le reuere, parce qu'ils
croyent que Nicodemus l'à fait.

LORETTE, Cité, Euefché, (erigee
ainfi par le Pape Sixte 5.) muraill-
lee, fituee fur vn coftaut tout culti-
uable, eflongné de la mer Adriatique deux milles. Il n'y a qu'vne rue longue &
frequente dans l'enfeint , auec fa bourgade du
cofté de Recanati. Auquel lieu de Lorette y a-
bordant d'Encone & Sirolles, ce paffe vne grãd
plaine, & en icelle fur vn pont de bois vne riuiere appellee Mofcione, & montant vous trouuez
au premier contour du chemin à gauche vne
fontaine , & plus haut le long du chemin à
droitte proche de ville vne autre cour aupres, &
au deffus de la fontaine vous abordez à la bourgade, & place grande, tout au deuant de la porte,
à gauche de laquelle & fur le bout de la ville eft
vne grand tour ronde murtriere tout à l'entour
qui fait canton regardant fur ladite fontaine.
A ladite porte vous y auez vne forme de raue-
lin vn peu aduancee, ou il y a de chafque cofté
vne piramide fur quatre pommes rondes, & à la
porte des armes de fa Sainéteté & de Cardinaux,
au chapiteau de la porte vne noftre Dame , &
de chafque cofté vne eftature de marbre fus
pied, & à l'entree à gauche vn peu de vuide &
vn puis au mitan. Suyuant à droit la rue vous
allez rendre à l'autre bout de ville, ou eft l'Egli-

se nostre Dame de lorette. Au deuant de laquelle y a vne place, & au mitan vn puis, la tour de
marbre, auec des armes à gauche, est le logis
de messieurs les Ecclesiastiques, tant Iesuittes
que seculiers, ou y ce basty encor gallerie tout
à l'étour du costé de la place. A la teste & du cô-
sté de l'Eglise y est le clocher, & entre autres v-
ne belle & grand cloche. Au deuant du frontispice de ladite Eglise, vous y auez vn paué de mar
bre sans lustre à huict matches tout à l'étour, ou
sur ledit paué & à la riue à droit, & entre la grande porte & petite du costé du palais, est vne grád
masse de marbre, à l'étour de laquelle y sont les
quatre vertus en personnages taillez de bronze, & quatre tableaux en images & armes releuez en bosse, aux deux desquels y a deux inscrip
tions & armes, & aux deux autres armes & tableaux sans escrit, l'vn des escriteaux, & le
principal dit ainsi, *Sixto quinto Picena, Pōtifex ma*
ximus quod incomparabilis Iustitia, & anime fortitu-
dine sublatis vndique, improbis quietem prouincie cō-
parauerit quod populum auctiori defatigatum annona
rerum copiam suppeditando decorauerit Picene legatio-
nis populi memorio animo, D. D. Pontificatus sui anno
tertio 1588. *Iullo Esclaf Mediolani Presidio.* Ladite
masse de marbre à huict faces, ou au dessus (formé en rond) y est assis sur vne chaire le Pape Sixto quinto, en habit pontifical de grand estature,
le tout de bronze. Le frontispice de ladite Eglise tout de marbre à trois portes, les deux des
costez de bronze en personnages releuez, representant le vieux testament, & sur le chapiteau

Place

Clocher

Masse
de mar-
bre &
sō orne-
mét, sur
laquelle
le Pape
Sixte 5.
est rele-
ué en
bronze.

Le fro+
tispice
de l'E-
glise.

de la grand porté vne noftre Dame Iefus en fes bras releuee en bróze couronnee, & tout au deffus de ladite noftre Dame, & au trauers le plus laɼge de l'Eglife y a vn efcriteau en lettre noire qui dit, *Sub Gregorio xiij pontifex obtimus maximus & Philippus Cardinalis Vaftauill. protectore anno* 1583. Et au deffus de ladite noftre Dame & efcriteau y a vn iour formé en feneftre viftré, & plͧ haut vne grand pierre de marbre noir ou eft graué en lettre d'or, *Dei paræ domus in qua verbum caro factum eft.* Au deffus dudit marbre & voute, ou tout à l'entour eft efcrit ces mots, *Anthonio Maria Gallo Æimano SRE. Cardinaluss Perus protectore* Et fur la voute à trauers y a vn autre efcriteau, *Sixto quinto pontifex obtimus maximus anno pontificatus iij.* Et à chacunes defdites deux portes de cofté, y a au deffus graué en lettre d'or fur marbre noir, ſçauoir celle qui eft à droitte : *Sixtus pontifex maximus Picenus Loretam apidum Epifcopali dignitate ornatum ciuitatis iure donauit, anno* 1586, *pontificatus primo.* Et au deffus & à trauers du lintau, *Philippo Cardinalus Vaftauillano protector* Et à celle de gauche du cofté du palais, autre efcriteau de mefme graué en lettre d'or qui dit, *Sixtus quintus pontifex maximus Picenus Ecclefiam hanc ex colegiata Cathedrallem conftituit xvi. kalend. April anno* 1586. *Pontificatus primo.* Et au deffus & deffous & trauers du lintau autre mefme efcrit que celuy à droitte. Audit frontifpice & à chafqué cofté au plus haut y a vne monftre d'orloge & fa cloche au deffus, auec vn cocq doré au deffus des cloches, & au mitá de ladite face, & plus

haut vne croix doree & deux chandeliers vn de
chaſque coſté. Entrāt au grand corps de l'Eglife *Forme*
formée en trois nefs, la plus grande deſquelles *de l'E-*
eſt celle du mitan, y a vn Domou fort haut eſle- *gliſe.*
ué couuert de plōb, au deſſous duquel & a plōb
eſt la chapelle & maiſon ſaincte de noſtre Dame
de Lorette, ne touchant en rien du reſte de l'E-
gliſe, elle eſt reueſtue toute de marbre blāc par
dehors, ſans que iamais il ce ſoit peu ioindre a- *Le reuè*
uec le S. baſtiment, auquel marbre y a maints *ſtement*
perſónages, figures, hiſtoires, eſtatues releuees *& for-*
en boſſe & eſcriteaux, formé en quatre carres, *me de*
toutesfois plus longue que large, le deſſus & l'é- *la Sain-*
tour de ladite chapelle eſt en forme de gallerie, *cte cha-*
ou eſt pendu maintes enſeignes & eſtendars, & *pelle.*
par dedans des crucifix de bois appuyez ſur la
tour, vo'y auez à la chapelle quatre portes deux
de chaſque coſté, toutes de bronze en perſonnages releuez, & à chacune d'icelles, & ſur le
lintau graué au marbre ſon eſcriteau, leſquels
diſent ainſi, *Illotus timeat quicunque intrare Sacel-*
lum in terris nullus ſanctius orbis habet. Nullum in
orbe locus prælucet ſanctior iſto quaque cadit titā qua-
que reſurgit aquis. Templa allibi poſuere patres ſed
ſanctius iſtud Angeli hic turme deusque locant. San-
ctior hæc ædes quid in ſacra principe Petro verbum v-
bi conceptum natoq̃, Virgo parēs. Et encor ſur l'vne
deſdites portes ces mots en vn petit tableau,
Intrantes cum armis ſunt excommunicatis. Et outre leſdites quatre portes y a vne feneſtre par laquelle l'annonciation de l'ange fut faicte à la
Vierge, qui eſt à vn bout de la chapelle, tour-

nant droit vers la grand porte. Au deſſus de ladite feneſtre & face de la chapelle y eſt repreſenté l'Annonciation de la Vierge, & à chaſque coſté à droit d'icelle vne Sibille,& plus bas
deux Propheres, & entre les eſtatues & hiſtoires releuees audit reueſtement de l'autre bout
eſt repreſenté les tráſpors que ſont eſté faits par

Pare- les Anges de la ſainte chapelle. L'autel prin-
mēt du cipal du cœur de l'Egliſe eſt côtre laSaincte cha-
grād au pelle, & ſous ladite feneſtre,laquelle eſt paree
tel. d'vn Crucifix d'argent, cloué en vne croix d'e-
baine,& les douze Apoſtres ſix de chaſque co-
Dequoy ſté auſſi d'argent. Ladite ſaincte maiſon ou ſou-
eſt ba- loient habiter noſtre Dame & ſon Fils que fut
ſtie laS. remiſe en chapelle par les Apoſtres,eſt baſtie de
maiſon brique en quatre quarre(cóme dit eſt) plus lon-
de Lo- gue que large,& tout à l'entour & haut du com-
rette. mencement de la voute par dedans bordee d'vn
bois.A la teſte y eſt noſtre Dame Ieſus entre ſes
Eſtatu- bras,les faces cóme noires, dreſſee contre la che-
re no- minee,meſme qu'ils y auoient, qui a encor tou-
ſtre Da- te ſa forme: ladite eſtatue fut faicte par S.Luc E-
me. uangeliſte, maintenant reueſtue d'vne robe de
lame d'argent doré damaſquiné que le Cardinal
Aldobrādino Camerlingue de Rome,&Nepueu
du S.Pere luy à fait faire,ou il eſt repreſēté auec
ſes armes au deſſus du bort de la robe, couronnee & enchaſſé vn eſcarboucle, à l'entour de ſó
col maintes chaines d'or, & deux ou trois ca-
mails des plus precieux qui ce peut voir, à l'vn
deſquels y a vne croix d'vne pierre fort preci-
ſe, & ſous ſes pieds eſt le bout de ladite chemi-

nee, à laquelle ils souloient faire la cuisine, & du haut en bas ou est nostre Dame, & de chasque costé la muraille couuerte de platines d'argent fort'espesses, par lesquelles est representé en bosse maints Princes & Seigneurs. L'autel de ladite chapelle ou ce celebre Messe sert de closture au petit reduit, auquel l'on n'entre qu'auec permission. Sur ledit autel vo⁹ y auez vn Crucifix d'argent cloué sur vne croix d'ebaine, & quatre nostre Dame auec Iesus en leurs bras, deux de chaque costé en carré, & plus bas six chandeliers, & quatre esguieres d'argent tenant fleurs. A gauche creusé contre la muraille, & tout à droit de l'autel y est ou souloit tenir son petit mesnage, & le lauement de vaisselle nostre Dame, ou y a vne piece d'aix soustenue sur deux petis relais, & planté à icelle vn crochet qu'on dit nostre Seigneur auoir souuent manié. Et dans ladite chapelle à l'autre bout sur la fenestre de l'Annóciatió, à l'opposite de nostre Dame, vne croix de bois fort large, pieds & bras tout de mesme longueur, que les Apostres firent afin de ce remettre en memoire la mort & passion de Iesus, toutes les fois qu'ils alloiét celebrer leur office. Sur le reuestemét de ladite chapelle est vne cloche, & tout deuant dudit grand autel y a pendu vn grand lampier de bronze en cinq branches en forme d'Anges, chacun tenant sa lampe sur la teste regi à deux mains. La poutre qui trauerse le grand autel, & maintes autres qu'il en y a par l'Eglise d'vn bout à l'autre qui trauersét les voutes sont couuertes de robes linges & autres ve-

Ornement de l'autel qu'est dans la Saincté chapelle

ſtemens, les piliers de ladite Egliſe, & pluspart
des muſailles tous couuerts de petits tableaux
repreſentant miracles: vous y auez deux beaux
& grands orgues, ſeparez à coſté du grand autel. Il y a trois Sacriſties & garderobes, aupres
de la ſaincte chapelle, dont à l'vne deſdites Sacriſties, & à celle de main gauche y eſt le plus
precieux, ou vous voyez d'argenterie vne infinité, comme ſont ſaincts perſonnages, cuſtodes,
calices, paix, croix, chandeliers, eſguieres, enſen-
ſoirs & autres ſeruant à l'Egliſe, & outre des villes releuees en argent, que ſont celles cy, Monte ſancto Pietro, Recanati, Milan, Cernano, Aſ-
colli, Ferme, Boulongne, Monte Sancto & Ca-
ſtelfitardo, tout à l'entour eſt armoiries plaines
d'argéteries: & entre autres vn proche de la porte à gauche en entrant, y eſt quelques preſens
plus notables de grand valeur qui ont eſté faits
qu'on nous monſtra. Premier vne couppe aſſez
grande, ayant le pied d'agate, la coupe de lapis,
& la couuerture de criſtal faicte en forme de domou, & au deſſus la couuerture vn Ange d'or tenant en la main vne fleurdelis de diamãs, le reſte de la coupe toute couuerte de diamans, ru-
bis & autres pierres precieuſes, que le feu Roy
Henry 3. donna. Vne chapelle toute de criſtal
miſe en œuure auec or que le Cardinal de Lor-
raïne donna, chaſque piece ayant ſon eſtuir de
cuir bouilly couuert de velours rouge. La Cardinal d'Autriche donna deux chandeliers & vne
croix tout or & diamãs. Le Duc de Bauieres des
heures, ou il y a quatre feuillets, & à iceux vn
Crucifix

Argen-
terie &
threſor
noſtre
Dame
de Lo-
rette.

Crucifix, noſtre Dame S. Hieroſme & autres per
ſonnages, le tout couuert & orné dedans & dehors de diamans, ſaphirs, eſmeraudes & autres
pierres precieuſes, encores donna vne croix de
iaſpe vert oriental auec le pied de criſtal, le iaſpe de ladite croix fut donné audit Duc de Ba-
uiere par le grand Seigneur en quatre manches
de couſteaux. Vne coupe d'agate toute d'vne
piece que monſieur d'Eſpernó donna. Vn pour-
traiſt du marquis de Bade qu'il donna formé en
rond, apres auoir eſté gueri d'vn bras par l'in-
terceſſion de la Vierge, tout d'or maſſif couuert
de pierres precieuſes. A vn autre armoire on
nous monſtra vne petite Croix de bouis, par laquelle eſt repreſenté en images & figures taillees tout le vieux teſtament au pied, & le nouueau au plus haut, qu'on eſtime beaucoup pour
la rareté de l'œuure, donnee par le Cardinal Albane. Il y a pédu au mitan de ladite Sacriſtie vne
galere d'argent toute garnie comme ſi elle marchoit, donnee par le grand Duc de Toſcane. Au
deuāt de ladite Sacriſtie y a vne garderobe plaine de chaſubles des plus belles drap d'or d'argent perles, ornees de maints ornemens riches.
A la nef de main droitte du grand autel y a vne
petite porte & ſortie, ou l'on deſcend à degrez, &
au bas vne chapelle de penitens de la Cité, au
au deſſus de laquelle y a vn chœur, & du coſté
de la ſaincte chapelle vn autel & chaire à preſcher. Vn peu plus haut de ladite nef, au denier
de la ſaincte chapelle vn ſepulchre d'vn Cardinal, ou il eſt releué & ſes armes en bronze. Les

L

chapelles qui font de long des nefs font clofes
d'vne grille de fer & pommes de loton. Et contre les piliers vous y auez en tableaux vn bref
fommaire efcrit en l'angue françoife, Efpagnol-
le & Italienne le tranfport de la faincte chapel-
le:il y a vn autel de brôze à la nef de main droit-
te.Tout à l'entour de l'Eglife & des trois pars
les deux formees en tours rondes & murtrieres
auec petites feneftres au deffus. Tout au dehors
& bout de la tefte de l'Eglife & murailles de la
ville,vous auez vne porte pour aller du cofté de
la mer Adriatique. Ie ne laifferay (bien que
prolixe) reciter comme cefte faincte maifon
e'eft trouuee au terroir de Recanari,ainfi que
fuccinrement & plus bref i'ay peu traduire
d'Italien en Fraçois,du liure que fur ce nous en
auons apporté imprimé à Macheratta, cité ou
ce tient le Legat de la marque d'Encone, dedié
au Pape Clément 7. par Seignor Hyerofme An-
gelitta,intitulé l'hiftoire de la traduction de no
ftre Dame de Lorette: contenant outre ce re-
môftrance à fa faincteté la forme de viure & ob-
feruation des pelerins en voyages, Letanies qui
chantent à Lorette, & encor les miracles plus
particuliers de la faincte chapelle : & c'eft affin
que chacun en puiffe bien eftre informé pour
le falut de fa creance, fans lequel liure nul ne
le peut , & pource beaucoup à faute de curiofité ou d'entendre s'en retournent ignorans
cefte verité. La traduction eft telle que s'enfuit.

Inftru-
ction du La chapelle que ce nomme aujourd'huy noftre
Dame de Lorette , eftoit la petite maifon

de la grand mere du Redempteur de tout le
monde , ou elle & son fils habitoient , & fut
edifiee en la prouince de Galilee , en vn lieu
appellé Nazareth , patrie de la saincte Vierge,
laquelle y nasquit , & conçeut par le S. Esprit
sur l'annonciation de l'Ange : la dedans ce sont
faits plusieurs beaux mysteres par Iesus & ses A-
postres,qui y reçeurent le S. Esprit : & apres la
passion de nostre Seigneur en memoire d'icelle
firent vne croix de bois & la poserent à la fenestre au dedans de la chapelle par ou l'annócia-
tion fut faicte,ou il est encor. Apres le decés de
la glorieuse Vierge,les saincts Apostres firét re-
duire en chapelle ladite maison, & dés lors s'en
seruirent pour le temple de Dieu. S. Luc Euan-
geliste de sa main fit vne estatue nostre Dame
Iesus en ses bras,pour la reuerence & memoire
d'icelle : bref c'estoit l'oratoire des Saincts,fort
reueree,miraculeuse en grand deuotion par les
Chrestiens , iusques à ce que refroidis au temps
de Heraclie Empereur Romain, & que Cosdra
Roy de perse s'impatronisa & ruyna le pays de
Hyerusalem : encor croissant de plus en plus la
perfide secte de Mahomet, & que la religió Chre
stienne ce transportant d'Orient en Occident,il
n'y auoit nul qui randit honneur à ladite sainte
chapelle:à cause dequoy en l'annee 1291.estant
pótife à Rome Nicolas 4.&lors mesmes que les
Chrestiés auoient guerre entr'eux,& que le Sul-
tan print la cité de Tripoli en Asie ; ceste sacree
chapelle fut miraculeusement par mistere des
Anges transportee de Nazareth en Esclauonie,

transport
& nom
de no-
stre Da-
me de
Lorette

Notte
que He
raclie
entra à
l'Empi-
re l'an
612.

Maho-
met có-
parut
au re-
gne du-
dit He-
raclie.

pres la riue de la mer Adriatique fur vn mont
proche d'vn petit lieu fubiet à l'épire Romain,
pofé fur le plus haut d'vne plainé appellé Terfatto, pres de la cité de Fiume. Le 6. de May en
la nuict fuyuante, la matinee eftant veu telle
nouueauté par le peuple à ce lieu public, ou ils
auoient accouftumé de s'affembler, ne fçachant
comme cela eftoit arriué ils l'admiroient & de-
meuroient eftonnez:en fin leur femblant (par la
grace ce Dieu)cefte S. maifon refplädiffante cö-
me le Soleil en tant de beaux miracles, iugeans
que c'eftoit œuure celefte , creurent que ce
fut la maifon noftre de noftre Dame,leur creance ce confirma d'auantage,voyant que tous les
malades & infirmes qui venoient honorer le S.
lieu s'en retournoient en bonne fanté. Et entre
autres malades le venerable en Chrift Alexandre prieur de S.George de Terfatto , homme de
bonne vie , & d'aprouuee integrité, eftant trauaillé d'vne grand fiebure , & priant plufieurs
fois en cefte S. maifon pour fon falut fut guery,
& vne nuict entre le veiller & le dormir luy ap-
parut la faincte Vierge refplandiffante au ferain
air,&luy parla luy declarant la verité de ce fait,
ainfi que deffus,& que plus à plain eft mentionné
audit liure,& encor que c'eftoit vn lieu fainct &
terrible , & qu'ils l'honoraffent, apres s'en partit,laiffant vne odeur plus foafue que toutes les
odeurs de la felice arabie:ainfi fain , efmeu de
crainte & d'allegreffe, à la pointe du iour alloit
racontant ce qu'il auoit veu,aux rues places, &
par tout ou il voyoit affemblees de gens: ce que

entendant Nicolas Frangiſpane (ainſi nommé)
Seigneur dudit Terſatto & de ce terroir, manda
le ſuſdit prieur Alexandre auec luy quatre autres de meſme eſtat & d'aprouuee foy en la re-
gion d'ou ladite ſaincte maiſon eſtoit partie,
leſquels allans premierement en tout le pays &
terroir de Hyeruſalem, & depuis recherchant
fort particulierement le lieu de Nazareth, trouuerent la auoir eſté prinſe, & la meſure des fondemens ſemblable à celle qu'ils auoient porté,
à la meſme longueur & largeur, le tout veu s'en
retournerent & rendirent dudit fait ferme &
& indubitable teſmoignage que c'eſtoit la ſainte maiſon de noſtre Dame, ce que la fit honorer aux habitans encor d'auantage. Depuis regnant Boniface 8. grand Pótife en l'annee 1294.
& le 10. Decembre, fut de nouueau ladite ſainte chapelle tranſportee d'Eſclauonie au terroir
de la cité de Recanati ainſi que cy apres ſera dit,
A ceſte cauſe ledit Seigneur de Terſatto fit edifier au lieu ou elle c'eſtoit leuee vn temple dedié à la Vierge, lequel ce voit encores ce iour-
d'huy ſur pieds, habité des freres Obſeruans
l'ordre S. François, le racontant ainſi à tous
ceux que par la paſſent. Or donc ladite ſaincte
chapelle fut tranſportee miraculeuſement par
les Anges trauerſát la mer Adriatique au terroir
de la cité de Recanati, cinq milles loing de ladite mer, en la marque d'Encone, poſee ladite
chapelle dás vn bois qui appartenoit à vne noble Dame de la ville nommee Lorette : ce que
voyant les paſteurs qui par la gardoient brebis,

L 3

eftonnez fubitement l'allerent annoncer à ceux
de Recanati, pource s'eftât affemblee toute la
Cité, ieunes vieux & malades s'en allerent audit lieu,& entrez dans la faincte chapelle auffi
toft qu'ils virét l'eftatue noftre Dame (bié qu'ils
ne fçeuffent l'ordre & verité de la chofe) pen-
ferent que ce fut vn don & grace à eux enuoyé
de la part de Dieu,dequoy luy randant louanges
en tant que s'eftendoit leur force & fragilité, à
haute voix chanterét le cantique,bien heureux
Dieu,bien-heureufe la mere de l'vnique fils qui
auiourd'huy à vifité fon peuple: & en cefte ref-
iouiffance retournerent en la cité, & tous les
iours plus honnorablement adoroient le fainct
lieu, s'y faifant infinité de miracles, & encor le
peuple voifin y vint en femblable deuotion, &
par ainfi eft affeuré que ladite faincte chappelle
fut appellee noftre Dame de Lorette à caufe du
nom de la dame dodit bois,lequel eftoit ioinct
auec des autres grands bois de la commuñauté
de Recanati, qui donna commodité à des larrós
de s'y tenir, tuer & voller les pelerins : fubiect
que ladite chapelle fut de rechef trâfportee par
les Anges à vne colline voyfine de la, appartenant à deux freres, laiffant quelque veftige &
marque. L'auarice mere de tout vice fit entrer
brutallemét en côtrouerfe les deux freres pour
le gain:ce que hayffant la Vierge,fit encor tranf
porter par les Anges ladite fainte maifon de ladite colline au mitan du grand chemin public
de Recanati,ou elle eft refidante encor ceiour-
d'huy, & c'eft la troifiefme fois que iufques icy.

à esté trãsportée audit terroir, elle posée au grãd
chemin droit d'où souloient ceux de Recanati
aller au chasteau du port qu'est sur la riue dela
mer, pres ou entre la riuiere de Potenza : ladite
chapelle lointaine de la mer deux milles, trois
de Recanati. Il ce commença puis entre le vulgaire (sans sçauoir l'autheur) que cette maison
auoit esté en Esclauonie, premier qu'elle vint
ausdits trois lieux de Recanati, ausquelles parolles ils donnerent beaucoup de foy, & la voyant demeurer sans fondement : ne pensant autrement que Dieu l'eust fermée la, & ialoux desi-
ia d'icelle comme hommes, commencerent à
douter qu'auec la lõgueur du temps elle ne tom
bast, parquoy c'estant faict vne grand assemblee
d'hommes ietterent des hauts fondemés à l'entour, & l'entournerent d'vne tres-forte muraille
de brique. Cependant que l'œuure ce faisoit,
referant le peuple beaucoup de choses diuerses,
ainsi qu'ils entendoient diuersement croistre
tous les iours la fame de ce transport. La mere
de Dieu monstra le vray chemin pour en sçauoir
la verité tout par ordre, en l'ã 1296. auquel tẽps
estoit vn homme qui plus que les autres visi-
toit ladite chapelle, & desireux des choses diui-
nes : A cestuy cy s'apparust la mere de Iesus, &
luy declara la verité de tout, ce que cest homme
raconta aussi tost à ceux de Recanati, & de la
marque, hommes dignes, lesquels du commencement s'en risoient, luy disant qu'il l'auoit son-
gé : mais contemplant plus attentiuement ceste
merueille, & voyant tous les iours que ce lieu

croiſſoit en grandeur de miracles, accordez tous, & voulant ſçauoir la verité du fait, eſleurent ſeize hommes de reputation plains de foy, & integrité aux deſpens de toute la Marque. Ayant prins ceſte charge paſſerent la mer Adriatique, & arriuerent en la terre de Fieume, s'enqueſtant des habitans le temps de la merueilleuſe apparition de la ſaincte chapelle, la reuelation de la Vierge audit prieur Alexandre, outre tout ce que luy & ſes compagnons auoiét rapporté de Hyeruſalem, correſpondant à la verité, ſçeurent encor les miracles que la ce faiſoient, & le temps du tranſport: veirent la place & ou elle auoit eſté & les veſtiges qu'on leur monſtra en vn mont aupres de Terſatte, & ayat auec diligence bien ramaſſé & eſcrit toutes les choſes ſur ce faictes audit pays d'Eſclauonie, trouuerent la choſe auſſi clere que le Soleil, à ſon midy, & que de la c'eſtoit tranſportee audit bois de Lorette. Et partant de la paſſerent à Iadra, ou ils veirent le corps S. Simeon qui circócit noſtre Seigneur, encor à Corfu, Candie Rodes, ou ils veirent & viſiterent le temple S. Ioan Baptiſte & ſon bras, & paſſé Cipre. Finablemét tracaſſez de la longue nauigation arriuerent & ce ioindrent au pays de Hyeruſalem & en terre ferme, Et quand ils eurent viſité le S. Sepulchre, allerent en la cité de Nazareth, trouuerent les veſtiges & fondemens qui y eſtoient encor, & ainſi auec la meſure qu'ils auoient porté meſurant ioignant la groſſeur des murailles, la forme marquát tres-bien les fonde més auec les parts,

cogneu

gneurent ladite chapelle estre celle que de Nazareth auoit esté portee en Esclauonie, & de la
à Recanati, & que les choses reuelees ausdits
hommes estoient vrayes & claires, & estant retournez à Recanati raconterent & affirmerent
la verité du faict, que fut cause que nõ seulemét
ceux de Recanati & autres de la riue de la mer,
mais dela les Alpes vindrent en grand concorde
honorer deuotieusement ladite sainte chapelle,
& depuis à creu ainsi que ce voit & croist ce
iourd'huy que tous les Chrestiens du monde y
viennent en grant deuotion. Nottez que celuy
qu'a fait ce liure est maistre des archifs & regi-
stres communs de sa saincteté en la chancellerie de Recanati,& chancelier perpetuel possedé
par ses ayeulx desia par plus de 400 ans, qui dó-
ne d'auantage de foy.

R ECANATI, cité Euesché fort antique, dont nous auós parlé sur le discours de Lorette, sa saincteté y a podestat, muraillé, sur le bout des coutaux, ou n'y a qu'ne rue d'vn grand mil de long, & quelques autres ruettes aux co-stez, c'est sur le grand chemin de Lorette à Rome.

Recanati dit ancienne-ment Recine, & lors si-tuee à treze milles de la mer Adriatique mais destruicte par les Gots, depuis r'edifiee à cinq milles de ladicte mer.

M ACHERATTA, cité, Euesché, Le-gature, gouuerneur & podestat, c'est la vil-le ou tout ressortit pour la Iustice de la marque d'Encone, & pource y demeure le Legat, il est si-

Mache-ratta.

tué fur vn mont, il y a vne belle grand place pauee de brique ou eft le palais dudit *Legat* & de la Iuftice, au deuant duquel y a vn puis : le Domou au bout de la ville du cofté de *Recanati*, & de l'autre cofté de *Rome* l'Eglife S. Saluatour, la ville biē muraillee & belles maifōs audit chemin.

Thiolentine. THIOLLENTINE, Cité Euefché muraillee, y paffe vne riuiere qui à pont à fix arcades vne tour au deffus, fut la cinquiefme arcade, la riuiere fe nomme Tiente. Ladite ville fur le grand chemin de *Lorette* à *Rome*, & de ladite prouince de la Marque d'Encone, & la derniere cité en ce chemin.

Foulini. FOVLLINI, Cité, Euefché, Gouuerneur, Podeftat, muraillee & la premiere cité de la *Romaigne* fur ledit chemin. Le Domou à la place, ou font les palais & l'orloge, en ladite Eglife y a vn Domou couuert de plomb, il y paffe vn torrent qui fert de foffez aux murailles du cofté de *Size* fitué à la plaine.

Efpelou. ESPELLOV, à droitte & au chemin de *Follini* à *Size*, iadis cité fort antique, ou vo' voyez double enfeint de murailles, & à ql̃ques cinq cens pas fur le grand chemin à gauche des Arenes ou collifees fort anciennes nō entieres, mais les veftiges s'en cognoiffent biē, & tout deuant vne vieille Eglife, & à quelques pas vne fōtaine que le Pape *Paul* 3. fit faire, & vn mil de la vne Eglife noftre Dame feruie par Carmes le tout fur le grand chemin.

SIZE, Cité, Euesché antique à la Romaigne,
escarté sept milles à main droitte du grand
chemin de Lorette à Rome, situee au pied des
montaignes, la ville en pente, ou abordant passé
le premier portail à gauche est l'Eglise saincte
Clere : ou y a nonnains & maintes reliques, &
entres autres le Crucifix qu'on nous monstra
qu'ils tiennent auoir parlé à S. François trois
fois sortant de ladite Eglise, vous y auez vne fon
taine à deux auges, entre deux grãds piliers formez en voute, seruans pour le soustien de l'Eglise, & faut marcher quelque pas auant que d'arriuer à la place, & ce passe sous deux antiques
formees en portail. A la teste & à droit de ladite
place vous y auez vne fontaine au mitan d'vn
grand bassin, ou il y a vn pilier qui soustient vne
grand couppe qui raie par quatre canons & à
l'autre part de la place à droit allant à S. Frãçois
vne Eglise de la madõna di Miuerua, ou à la face
est six grandes coulónes canelees fort antiques,
encor à ladite place est le palais du podestat, &
sur icelle du costé de ladite fontaine à droitte
l'Eglise maiour, ou il y a vn Domou couuert de
plomb, & descendant par ladite place d'vn bout
vous y auez vne grand rue large qui vous conduit droit à S. François. ou le long vous y trouuez trois ou quatre fontaines. L'Eglise S. François est au bout de ville du costé du vallon ou y
a vn torrent qu'on nóme Tiecha, a ladite Eglise
y a trois nefs l'vne sur l'autre, à celle du mitan y
est le corps S. Frãçois, à l'autel fermé d'vne grille de fer muraille sous iceluy qui ne ce monstre

jamais,& ne ce peut voir par quelque condition
de gens que ce foit par deffence expreffe de fa
fainctreté. Auprés à gauche la facriftie ou font
vne infinité de Reliques , & de l'autre cofté la
porte pour aller aux cloiftres,ou y a vne fontaine,la nef du deffus fort grande efpacieufe , auec
fon chœur fort grand,la troifiefme & plus baffe
nef ne s'y peut aller,à la plus haute nef vne grád
entree par vn grand vuide herbu,& à gauche fur
câton vn peu de gallerie,la couuerte en Domou
orné de quelques piramides à l'entour , deffen-
dant de ladite nef à celle du mitan vne deffen-
té à degrez de chafque cofté,& eftant arriué deuant la place qui eft deuant la principalle porte
y a vn toict tout à l'entour de ladite place regi
par piliers,& c'eft par ou ce paffe pour aller à S.
Marie des Anges,y a chafteau feparé de la ville,
toutesfois dans l'enfeint des murailles & fur le
plus haut. De ladite Eglife S. François vous al-

Noftre lez deffendár toufiours par vn paué à ladite no-
Dame ftre Dame des Anges,belle deuotió,ou ce bafty
des An- de noũueau vne belle grand Eglife feruie d'Ob-
ges. feruantins,ou y a maintes reliques , & pardon
de l'á S.& vne belle fontaine venant de Size côtre ledit couuent,& fous vne gallerie fouftenue
par piliers qui raie à 26.canons,& de l'autre cofté vne fontaine à trois canons,& cinq pour les
beftes,l'enfeint & couuent fort grand, & deuãt
la porte quelques marchans dans boutiques de
bois,de la retournafmes à Foulini fans repaffer
à Size.

ESPOLITTE, de la Romaigne ſur ledit grand chemin de Rome, cité, Eueſché, Gouuerneur & podeſtat, ſituee au pied d'vn môt, ou au plus haut y a vn chaſteau ſeparé des maiſons qui à face du coſté de la porte venant de Foulini , le Capitaine y demeure , & s'en ſert on des priſons , & arriuant dudit Foulini vous montez touſiours par vne grand rue iuſques à vne place ou eſt vne fontaine du coſté & bout de place à trois marches, vn grand baſſin , & apres vn autre petit baſſin au mitan, regi par piliers, vn qui eſt plus gros que les autres , duquel baſſin raie ſeize parts, & au mitan ſur vn pilier vne couppe que reialit d'eau autres ſeize, dans le plus bas 8. gros canons, & 8. autres petits ſans canons, l'orloge tout deuant de ladite fontaine. Au dernier dudit chaſteau , entre iceluy & vn grand mont vn Acqueduc qui les ioint, fort haut à dix arcades, & s'y paſſe au deſſus, & pource il a ce nom, *El ponte Treillache* , & eſt antique & bien remarcable, vous voyez audit mont vn petit bocage, dernier dudit chaſteau force Egliſes & hermirages.

Eſpolette eſtoit Duche l'an de Ieſus 774.

Aqueduc & pont.

TERNI, cité Eueſché gouuerneur podeſtat ſituee à la plaine, antique & muraillee, Trauerſant la ville pour Rome ce paſſe à vne place, ou à gauche y a vne coulonne haute cou ronnee de la meſme pierre, & vne baſo vn Lyon au deſſus , au bout de la ville du coſté de Rome y paſſe vne grand riuiere nommee Negra, & y a pont à trois arcades , & au bout à gauche vne

Terni

Negr: riuiere

chapelle, elle va paffer aupres de Narny, & ce ioinct au Tybre aupres du Bourguette, fur ledit grand chemin fituee à la plaine.

NARN I, cité Euefché, gouuerneur podeftat, fituee fur vn mont en defcente bien muraillé, y a chafteau au bout plus haut feparé de la ville qui a des murailles couuertes de lierre. Ladite riuiere Negra paffe au pied du mont, & vne autre appellee Neya qui vont ce defcharger au Tybre. Entrát du cofté de Lorette eft vne porte à deux tours murtrieres à l'étour, & à gauche vne fontaine qui iallit à trois endroits, & plus haut dãs la ville & du cofté de Rome, à vne place ou eft l'orloge vne autre fontaine, ou y a vn grand baffin au mitan, vn pilier rond duquel & du milieu du bout fort de l'eau qui va droit en haut de la hauteur d'vne picque, fortant en grand abondance & violence. Toutes les citez depuis Encone iufques à Rome du S. Pere.

*Inftru-
tiõ d'ou
procede
le Iubi-
lé fes ce
lebra-
ciõs, &
pour-
quoy.*

Parce que l'Autheur prend le principal subiect de fon voyage fur le Iubilé, il a eftimé auãt parler de Rome, deuoir particularifer d'ou l'ã fainct procede, qui eft le premier S. Pere qui l'à celebré, la mutation des annees d'iceluy, & combien de fois iufques icy à efté folemnifé.

DIEV apres qu'il eut créé le monde en fix iours, au feptiefme ce repofa, ordonnant à Moyfe, comme il ce lit au Leuites chap. 25. que le feptiefme iour qu'il nomma Sabbath fut iour

de repos & fans trauail : & que au feptiefme an
la terre ne ce labouraft, ains que ce qui naiftroit
d'icelle fut commun. Encore qu'en toutes fept
femaines d'ânees que font 49. ans, au feptiefme
mois fe publiaft par toute la terre l'an du Iubilé
qui venoit au 50. & lequel an ce nommoit Iubilé, que veut dire an de remiffion : auquel ce
donnoit liberté aux ferfs, & eux debteurs : les
debtes & les poffeffions ce reftituoient aux pro
pres maiftres, au preiudice defquels auoient efté
vendues. EN confideratiou dequoy Pape Boniface 8. meu du S. Efprit en l'annee 1300. renou-
ua auec fa *Bulle* l'antique tradition & confue-
tude de l'an S. Ordonnant qu'il ce celebraft de
100. en 100. ans. Clement 6. 1350. ordôna qu'il
ce celebraft à chafque 50. an. Vrban 6. l'abre-
gea conforme aux annees de nôftre Seigneur
de 33. ans En fin Paul 2. le remift à 25. ans. Et
comme cela fuiuy iufqes au S. Pere Clement 8.
en l'annee derniere 1600. ayant en tout efté celebré 11. fois. Ainfi DIEU augmente le S. fiege,
& reduiffe au giron de fon Eglife tous les enne-
mis & errans contre icelle

ROME, eft fituee en plaine & collines, comme cy apres fera dit, & fur
le Latio territoir de ceft antique nô,
à la riue du Tybre, quinze milles
loing de la mer Tirrene, ou vrayement Mediterranee. I'efcriray premier fon antiquité & fondation, felon les deux opinions,
ainfi que ie l'ay tiré & traduict d'Italié en Fran-

Satur-
fuyât de
Crete,
dôna le
nom de
Latio à
ce ter-
roir ain
fi que fe
ra dit;

çois du liure intitulé, *Mirabilia Roma Amphitea-*
ftro del mondo. cómencé par Hyerolamo Frācino,
augmété & parfaict par le Docteur Profpero Pa-
rifio Patrice Romain, fous l'authorité & permif
fion du Pape Sixte 5 dedié à Ranucio Farnefe,
Duc de Parme & de Plaifance : ou auant que de
parler des antiquitez des Romains, il raifonne
& difcourt de ladite fondation & reftauration
de Rome, ce qui m'a efmeu d'en efcrire fuyuant
fon aduis, premier que des antiques, & autres
chofes que i'ay veues, eftimāt qu'a fon imitatiou
ie ne puis faillir, bien que auant luy plufieurs
grands perfonnages, defquels mefmes il a prins
la plus faine verité, en ayant deuemét efcrit qui
femble deuoir fuffir, fans qu'autre s'en empef-
che apres : Ce nonobftāt ie le fuiuray quoy qu'é
puiffe dire le cenfeur, non pour en inftruire les
doctes & graues hiftoriens, mais les autres qui
en peuuét eftre curieux. Laiffant toutesfois les
termes en latin pour ceux qui l'entendent. Et
quand aux principales & mieux entieres antiques, i'en parleray fans mentir, ainfi & proprement que ie les ay veues & fuyuies, par l'ordre
mefme qu'il m'en a enfeigné, apprenant de luy
feulement les vrays noms d'icelles, conforme à
fes infcriptions, & l'erreur du vulgaire qui cor-
rompt par poffeffion d'ignoráce toutes chofes.
Ladite traduction d'Italien en François eft telle que s'enfuit, fans qu'il y ayt audit liure nulle
glofe ny efcrit au marge que ie mets & adioufte
pour plus ample inftructió & verification de ce.

ROME

ROME fut edifiee l'an du mõde 4447. Depuis la deſtruction de Troye 405. & le 21. Auril de Romulo & Remo, naiz d'Il uia, ou vrayemẽt Siluia, fille de Numitore Roy d'Albane, leql de ſon frere Amulio fut chaſſé pour la ſucceſſiõ du Royaume. Et pour s'aſſeurer en tout du ſoupçon de Numitore, la fit ou dedia fille de la Sacer doteſſe du tẽple de la Dee Veſte : mais fut vain, que ce trouuant Siluia enceinte dãs peu de iours, comme il ce dit de Mars on du Genio du lieu, ou bien de quelqu'au tre homme, enfanta deux enfans, à l'en fantement deſquels s'en aduiſannt Amu lio, les fit porter pour les ietter au Tibre, le long d'Albe, & dit-on qu'a leur arreſt qu'ils furent laiſſez, vint vne Louue qui auoit porté de fraiz, leur dõnant du laict comme s'ils fuſſent eſtez ſiens, & fortui temẽt paſſant par la vn paſteur nommé ⱬauſtulle cria à la Louue, & ayant prins

l'ay voulu met tre proprement comme eſt au li ure, mais l'Im primeur c'eſt manqué, diſant que Rome fut e difiee l'ã du mõ de 4447 par Ro mulus & Remus car il faut noter q̃ Romulꝰ regna roy des Romaine en l'ã 3220. & la deſtructiõ de Troye 2789. & par ainſi Rome reſtauree ou fõ dee par Romu lus audit an, ou peu auant 3220 auant l'aduene

ment de Ieſus 755 ans, apres Troye 432. & n'y peut auoir 7. ou 8. ans de manque ou de plus, comme i'ay notté au regne des Roys & Empereurs Romains, meſme ſur Octauius Ceſar au 42. au duquel noſtre Seigneur naſquit, & ledit Octauius fut Empereur l'an du monde 3918. & de Romulus iuſques à luy ſont les 75 ans. y met tant les quarante deux autres de la naiſſance. Genio dont icy eſt fait mention ſur l'engendrement de Romulus & Remus eſtoit vn Dieu feint ou creu par les anciens, croyãt qu'il naiſſoit auec eux, & que ſous la tutelle d'iceluy chacun qui naiſſoit viuoit, & qu'il prenoit auſſi la protection de l'homme, & pource fut appellé Ge-

N

nio de l'ègèdrer
Il y a beaucoup
de diuerses opi-
niōs, aucuns di-
sent qu'il estoit
fils des Dieux.
& d'autres que
ce n'est autre
chose que les ele
mes par lesquels
nous viuons.

Cest Amulio à
esté le dernier
des Roys de Le-
tio & de Rome,
ayāt esté chassé
Numitore entra
en regne l'an du
mōde 3168. &
auāt lui yeut 25
le regne desquels
commença à Ro
me fille d'Itallo
Athlaté Roy d'I
talie, & duquel
le pays en a re-
tenu le nō, ayāt

les enfans les porta en sa maison, & les
donna à gouuerner à sa femme nommee
Accalarentia, & s'esleuerent entre pa-
steurs grands & plains de generosité, ma-
ieurs qu'eux, & s'adonnant aux guerres
entre les mesmes pastres & autres Aduint
que Remo fut faict prisounier & mené
à Amulio à accuse faucemēt qu'il desro-
boit les cheures & brebis à Numitore.
Le Roy commāda qu'il fut donné à Numitore, que comme offencé le chastiast,
veu Numitore le ieune de si noble aspect
vint à s'esmrouuoir, & penser de certain
que c'estoit son Nepueu, & estant en ce
pensement suruint Faustulle pasteur auec
Romulo, desquels entendit l'origine du
ieune, & trouuant estre son nepueu sor-
tit Remo de prison, & vnis ensemble tuerent Amulio, remettant comme estoit le
deuoir au regne Numitore leur ayeul, &
fait ledit reglement, esleurent edifier vne
neufue cité pour lieu plus commode sur
la riue du Tybre, ou eux auoient esté esleuez en forme carree, & sur cecy vindrēt
en controuerse comme auoit à ce nommer ou vrayement regir pour auoir chacun d'eux la gloire du nom, & entre le

faict séparation du Royaume, & donné la cité de Rome
& le Latio à sa fille qui se maria auec Tusco Sicano fort
habille hōme & en iouirent l'an 2336. iusques à 2382. que
leur fils Romanesso fut Roy.

cours de parolles Romalus tua Remus, & voulut que ceste cité fut de son nõ appellee Romé estant luy aagé de 18. ans, & passez quatre mois quelle estoit edifiee, n'ayant femmes mãda Romolo ambassade en la cité voisine en demander en mariage, & luy estant refusé, ordõna au 7. de Septembre certaine feste appellee Consuali ; à laquelle accourut vne grand multitude de Sabins tant masles que filles , & en vn certain signe fit rauir toutes les vierges, que furent 683 & ce donnerent pour femmes aux plus dignes. Esleut encor cent hommes des principaux pour les conseilliers, lesquels pour leur vieillesse furét dits Senateurs, & de leur vertu, peres & leur college Senat, & ses descendans Patrices, diuisa la ieunesse en ordre militaire, de laquelle en esleut trois centuries de caualiers pour sa garde, ieunes tres robustes, & des genereuses familles, lesquels furent dits Celeri, donna encor la multitude du peuple & les plus pauures à la protection & custode des puissans, & ceux la appella Clenti , & ceux-cy Patrons , diuisa le peuple en 35. curés , fit beaucoup de loix entre lesquelles fut ceste, que nul Romain n'exerçast art d'estre assis, mais qu'il s'adonnast à la guerre & à l'agriculture seulement. Ce retrouuant puis Romulo au chãp de Mars voisin à la Palude Caprea, à la reueue & monstre de l'armee disparut, & iamais plus ne ce vit, ayant 56. ans, & regné 38. ne laissant de soy progenie aucune. Laissant à la cité quarante six mil hõmes de pied , & presque mil caualiers, l'ayant commencee auec 3000. hõmes

Rauisse mẽt de 683. Sabines.

D'ou procede ie nom de Senateur, & du Senat, & les premiers.

C'eſt la chaſte
de pied, & trois cens à cheual ſeulement.
Lucreſſe Romai- Leſquels furent d'Albe, Romulo dóc fut
ne. fondateur de la Cité, & de l'Empire Romain, & le premier roy d'icelle, depuis
Rome fôdee l'an lequel en furent ſix, & le dernier fut Tar-
100. apres le de- quin ſuperbe qui fut chaſſé de Rome,
luge par Iano & parce que Seſto ſon fils viola de nuict Lu-
uant   Romulo creſſe fême de Côſtâtin, & regnerent leſ-
1464 & du mõ- dits roys 243. ans, l'Empire deſquels ne
de 1765.. s'eſtendoit que 15. milles, & chaſſerée
Ceſtuy eſt le les Roys ordónerent le viure politique&
Dieu Ianus que ciuil, laquelle forme de gouuernemêt du-
les Romains a- ra 446. ans, auquel têps anec quatâte ba-
uoient tant en tailles acquererent preſque la principau-
eſtime & auquel té du monde, & y furent 887. Conſuls.
ils celebroient Deux ans gouuernerent, leſdits hommes
feſte ſolemnelle, & 45. les Tribuns de ſoldats, auec pou-
ſans trauail au uoir conſulaire, & demeura ſans Magi-
cun au premier ſtrats 4. ans, depuis Iullius Ceſar ſous
iour de l'an, & titre de dictateur perpetuel, occupa l'Em-
les Rediens le re- pire & la liberté à vn traict. Autre ad-
noiēt pour leur uertiſſemêt tout de ſuitte audit liure par
Dieu, & le rele- lequel & l'aduis que ie mets au marge,
uoient en eſta- apparoiſtra que Romulus fut ſeulement
tue à deux faces reſtaurateur de Rome, & qu'elle fut ha-
pour auoir veu bitee par Iano l'an cent apreſ le deluge,
le monde auant & auant Romulo 1464. ans ainſi que i'ay
& apres le delu- calculé, tât audit diſcours, qu'au regne de
ge, & pource Iano & de Romulo. Iano dit Enotrio du
aucuns tiennêt vin, pour auoir eſté le premier (comme
que c'eſtoit Noé afferme Beroſe) à planté la vigne, qu'à la
langue Aramea, Cithia, & Caldea, le vin

appellent Iano, & les Grecs Enotrio eut encor nom de Prother, Vertuno & Valdimone, voix d'vn mesme nom, sçauoir, reuolateur & couertiteur des choses seules. Et Vulcá pour auoir esté le premier q̃ alluma le feu au Soleil, auec miroir & ampoulle ou phiolle de verre plaine d'eau, pouce seruir du feu celeste pour les superstitieux sacrifices, faisãt iceluy garder à la femme, que pour telle chose fut appellee Vesta, que en langue Aramee le feu nomment Esta, qui puis fut consacré des vierges Vestales. Fut encor dit pere de tous les Dieux, que ainsi nomment le prince iuste, ciel, chaos & semance du monde. Lequel Iano voyant estre creé l'humaine generation à l'Armenie maieur au 100. an depuis le deluge, manda aux trois parts du monde colonnies ou compagnies de gens aux parts que Iano auoit veu, s'appellans d'autres noms, leur ayant enseigné la Cosmographie, l'Agriculture & autres sciéces. Outre les gens qu'ils y menerent les chefs des colones. Iano leur promit de mander apres eux, comme il fit, autres colonnes, & luy mesme vint en

Notte l'origine des Vierges Vestales, Vesta fut vne des 8. Deesses principales de Rome, car ils auoiët aussi 12. Dieux principaux qu'ils estimoient, & aussi les deesses deffendoiët fort peu souuent en terre, & furët ceux cy Iupiter, Saturne, Ianus, Genius, Mercure, Apollon, Mars, Vulcã, Neptune, Sol, Orcus, Vibar,

Terra, Ceres, Iuno, Minerue, Luna, Diane, Venus, & Vesta, les 12 prem. dieux, & les 8. dernieres Deesses. Fut Roy d'Italie Ianus, l'ã du mõd. 1776. puis en partit & y reuint 1925. ayant vescu iusques 2007. que Cranus Rese-

nus fut Roy. y en ayāt
eu 30 depuis Ianus à
Mesentio qui regna
l'an 2766. qu'il fut
tué par AEneas.

Notte que Iano bien
qu'il ayt tant vescu,
n'a esté q̃ 33. ans Roy
d'Italie, ains regna à
Rome.

Gomero Gallo regna
l'an 1796, en absen-
ce de Iano qui retour
na 1925 & entre eux
fut Octio, Veio &
Chã ou Chamesenuo
proprement Nebroth
qui vint en Italie a-
uec 8. de ses enfās, a-
pres auoir ruiné toute
la Caldee, la principa
le ville duq̃l pais estoit
Babilone, nomma la

Italie l'an 100. du deluge, & du
monde 1765. & ou est Rome ha-
bita, & puis au mont Ianicolo,
nómant la cité Ianicole, & puis
Etrusgra, & ainsi le pain S. Ambroi
se. *Aduersus gentes libro primo. Ianus
Ianiculi, conditor & ciuitatis Satur-
nie.* Et au sermon 17. *Ianus homo fuit
vnius conditor ciuitatis, qua Ianiculũ
nuncupatur in cuius honore à gentibus
kal. Ianuar. sunt nuncupata.* Et regnã
33. ans. Ouidé au 3. de fasti, faisant
parler Iano dit, *Quicquid vbique vides cœlun mare nubile terras. Omnia
sunt nostra clausa patentque manu. Me
penes est vnum vasti custodia mundi. Et
vis vertendi cardines omne meum est.*
Et estant Iano retourné en l'Arme
nie d'ou il estoit party, & en autres parts du mõde, gouuerna Gomero ou Homero Gallo & autres
le pays, cõme il ce pourra voir au
catalogue des Princes, & print la
Seigneurie. Et en ce mesme temps
estant chassé Saturne de Crete par
son fils Iupiter. comme dit Virgile
au liure 8. de l'Eneide, *Primus ab æ-*

la ville Camesa, cestuy fut le premier tyran, fils de Chus,
Chus fils de Cham, Cham fils de Noé, lequel eut trois fils,
Sem, Cham, & Iaphet, & dudit Sem est premier né le-
dit Gomero Gallo, duquel les Francois tirent l'antique

tereo venit Saturnus olimpo. Arma Iouis fugiés
& regnis exul ademptis. Is genus in docile dif-
perfum montibus altis.Compofuit legefque de-
dit Latiumque vocari.Maluit , is quoniam La-
tuiffet tutus in oris.Et S. Ciprien de Idoloru̅
vanitate, antrum Iouis in Creta vifitur & fe-
pulchrum eius oftendit ur & ab eo fugatum effe
manifeftum eft inde Latium de latebra eius nomen accepit vnde errarium,Saturni vocitatur
nam & rufticitati hinc cultor fuit , inde ferens
falcem pingitur.Et en autre lieu, Hunc fugatum Hofpitio Iunas excepit de cuius nomine,Ia
niculum dictum eft & menfis Ianuarias conftitutus eft ipfe bifrons exprimitur,quod in medio
conftitutus annum incipientem & recedentem
fpectare videtur.Ou vrayeme̅t vn autre Saturne,comme dit Berofe,nommé Sabatio
Saga,fçauoir Sarre illuftre en langue Ar-
ramee, fuyant la puiffance de Nino Roy
de Babilone premier monarque l'á apres
le deluge 250.& du monde1906. vint en
Italie & fut recueilly de l'ano,auquel dó-
na le Latio, puis ainfi dit qu'il s'eftédoit
du Tybre au fleuue Garillane de campagne fellice, & fe diuiferent la feigneurie,
faifant vn autel au mitá du Tybre qui fut
commun , l'appellant Ianicola Etrufqua,
Ouide dit Aramea eft colli quem vulgus no-
mine noftro.Nuncupat hæc ætas,Ianiculumque
vocat.Et au fecond de fafte ,Te duo diuerfa
domini de parte coronant. Binaque ferta tibi
bini corona ferant. Ara fit ignem fert ruftica

nom des Gaul
lois,& le droit
d'aifneffe fur
toutes les au-
tres natió's de
la terre , pour
auoir le mef-
me gomer ha-
bité les Gaules

Saturne chaf
fe par Bel fils
de Nembrot &
iceluy Bel eut
à fe̅me Semi-
ramis , dö't en
fortit ce IImo
Roy d'Affirie,
& premier mo
narque regna
l'an du mo̅de
1906.

Notte que le
fleuue garilla
ne eft entre
Gaiette & Su
effe au Rcyau
me de Naples

sur le grand che-
*min de Rome & *
s'y passe en bar-
que ou y a la vn
baftimēt flaqué
qu'eſt enuirō 35
lieues de Rome.

Notte que No-
ſtradamⁿ ſur la
prophetie de la
mort de Caſaut
& prinſe de Mar-
ſeille, prent icy
le ſens du verſet
qui dit, Le fait
patre par ceux
de mont Terpee.
zanus & Satur-
ne enſepuelis à
Rome.

Italo regna l'an
du mōde 2336.

Heſpero 2325.
Rome fille d'I-
talo regna meſ-
me au temps de
ſon pere, s'entēt
ayāt receu la ſei-
gneurie, car elle
eſtⁿit nee deuãt

Iaſio regna
2408.

teſta. Spargitur & ceſo communis terminus a-
grol. Et edifia Saturne la cité au Campidolio, puis ainſi dit & de ſon nō l'appella
Saturne. Ouide faiſant parler Iunone aux
faſte dit, *Si genus aspicitur Saturnum prima*
parentum. Feci Saturni ſors ego prima fui. A
patre meo quondam Saturnia Roma eſt. Iuncta-
que Tarpeio ſunt mea tēpla Ioui. Eut nom ce
mōt Tarpeio à cauſe q̃ la fut faire mourir
Tarpeia vierge Veſtale, laquelle trahit la
Rocca, la faiſant prendre aux Sabins, &
pour ne luy dōner la promeſſe l'occirér,
Ouide au faſte dit, *Vt que leuis cuſtos armil*
lis capta Sabinis. Ad ſumma tacitos duxerit ar-
cus iter. Iano & Saturne furent enſepuelis au canton des murailles du Ianicole,
Virgile, *Hic duo praeterea diſiectis oppida mu-*
ris. Reliquias veterumque vides monumenta
virorum. Hanc Ianus pater hanc Saturnis con-
didit vrbem. Ianiculum ſibi huic furrat nomen.
Italo Athlanté frere de Heſpero 12. Roy
d'Eſpagne tenoit la ſeigneurie d'Italie
q̃ depuis ſa mort ſucceda au regne ayant
cure de Iano fils laiſſé par Eſpero, & ſa
reſidence eſtoit au mont Auétin, ce nō-
mant la cité Capena, l'an dʊ mōde 2336.
Lequel eut vne fille nommee Rome, &
la fit Royne du Latio Aborigeni & Siculi, ainſi nōmez les Italiens de Sicelleo 6.
Roy d'eſpagne, lequel vint en Italie, appellé de Iaſio Roy de Toſcane, contre
Dardanus, auec lequel auoit guerre à l'o-
caſion

casion du regne, lequel Dardanus occit, Iasio fuyant à la Frigie, & fonda le Regne Troyen, Virgile au 3. de l'Eneide. *Darda-nus Iliacæ primus pater vrbis & auctor.* Et au 7. *Dardanus Ideas Phrygiæ penetrabit ad vrbes, &c.* Et plaisant à Rome le mór puis dit Pa latin, habité des Aborigeni, gés antiques venus en Italie d'Armenie & d'Egipte, auec Camesenuo, y edifia la cité, & de só nom l'appella Rome l'an du móde 2336. Laquelle Rome print pour mary Tusco Sicano, tres-parfaict & digne, & eurent vn fils dit Romanesso, nom de deux voix. Rome signifie sublimité, & Nesso forte & valable. Augure predisant la sublimité de la future Rome. Regna Rome 46. ans, & depuis autres 240. ans, & estant la ci-té mal habitee pour le mauuais air, vint en Italie Euander d'Arcadie, fils de Car-noenta, tenue des Poetes Fee, dicte Nico-strata, lequel par inaduertance auoit tué son pere, & au mont ou estoit Rome ha-bitee des Arcadiens & Latins, nómerent la cité Valenza, qui veut dire force & va-leur, & la restaurant l'appella Palantia, du nom de son propre ayeul. Virgile au 8. de l'Eneide, *Arcades hasheras genus a Palante profectum, qui Regem Euandrum. Co-mites qui signa secuti. Delegere locum & po-suére in montibus vrbem. Palatis proaui de no-mine Palanteum.* Proca Roy des Latins a-uoit deux fils Numitore & Amulio. Mort

Dardanus fut le 1. Roy Troyen l'ã du móde 2484. & depuis en fu-rent 5. & dura ledit regne 305 ans qui fut de-struicte par Aga memon chef des Grecs, & 3. Roy de Micene. 2768.

Camesenuo vint en Italie l'an du monde 1906. só propre uom est Nembrot.

Romanesso re-gna 2382.

Arcadiens an-ciennement dits Siconiens. Depuis Euander le mont Ianicole à esté dit Pala-tin.

Proca regna l'ã du monde 3145

Amulio
3168.

Proca Amulio chassa Numitore du Royaume, tuant tous ceux qui y pouuoient succeder. Sacrant à la *Dee Veste* Rea Siluia fille de Numitore, dont ce trouua enceinte, aucuns disent d'Amulio, autres du Sacerdot Vestal, côme dit Lucio Floro, ou de Mars ou du Genio, ayât enfanté contre le bois dedié à Mars, ou arriuee au temps enfanta deux fils, dont Amulio fit precipiter & noyer dans la riuiere Aniene Rea Siluia, & les enfans ordóna qu'ils fussent mis dans le Tybre, quinze milles loing d'Albe, entre le Palatin & l'Auentin: ou est l'Eglise S. Theodore. *Sub Capitolio Tyberis inferebat sinũ qui pingebat Radices Palatii vbi nunc est ecclesia S. Theodori in eo spatio fuit templum & ibi expositus Romulus & Remus in alueolo id est Sacpha lignea ibi fuit ficus ruminalis apellata à rumine lupæ est autem ruma mamma. Pomponio Leto.* celuy qui les portoit en ayant compassion, les laissa sous le pied d'vn figuier, que lors le Tybre souloit innonder au Cerchio Massimio, ne se pouuant passer du Palatin à l'Auentin sinon par barque ce payant vne monoye ditte Valettura, ou Valabro, & encor de present le lieu ce nomme de tel nom, y estant posee l'Eglise S. George au Valabre. *Nam longe hic inter Auentinum fuit velabrum ita dictum quod cum locus esset paludosus homines qui volebant transire in Auentinum, ferebantur cymba & soluebant stipem pecunia autem quæ soluitur nautis velatura appellatur vnde Velabrum. Pomponio Leto,* furent les enfans trouuez d'vne louue qui auoit porté de fraiz, leur donnât les poupes à succer, lesquels succant prindrent esprit,

Geste riuiere Aniene est dite Teuerone qui passe à à Tiuoli, & ce descharge au Tibre.

peu depuis furuint Fauftullo pafteur perfonne
d'Amulio en campagne fur les paludes qui auoit
fa cabane.& au pied & riue du Palatin, & voyát
la louue cria & trouue les enfans,les print & les
porta à fa cabane, qui furent nourris de Acca
Laurentia Etrufque fa femme comme fes enfans,&les laiffant aucunes fois hors de la cabane eftoiét cibes , c'eft à dire nourris de l'oyfeau
dit Piceis dedié à Mars, Ouide , *Sacra quis infan-*
tes vefcit creuiffe lerino.Et picum expofitis fæpe tuliffe
*cibos.*Et pour auoir eftez trouuez fous le figuier
Rumina, que en langue etrufque veut dire trou
uez fous le figuier,nourris auec la poupe furent
nommez (comme dit Sempronio) Rumulo &
Rumeno, d'ou Accalarentia s'adopta Rumulo,
côme dit Feneftella, *de Sacerdotis Romanorum* , au
c.3.luy eftát mort vn fils des deux qu'ilen auoit.
Ouide, *Arbor erat remanent veftigia quæq̃ vocatur.*
Rumula nunc ficus Rumula ficus erat. Et pource
que ladite Accalarantia faifoit eftonnement ou
abondament plaifir , ou rauiffoit par beauté de
fa perfonne les pafteurs elle eftoit appellee Lu-
pa : & pour cecy difent aucuns que Rumulo &
Rumeno font efté nourris de la louue.Paruenus
an l'aage de 18. ans , monftrerent grand ardeur
& hardieffe , dont auec l'ayde d'autres tuerent
Amulio,pofant à la Seigneurie Numitore,& fait
cecy regnát en eux ame royale,comme dit Ouide *Si genus arguitur vultu nifi fallit imago. Nefcio*
*quem è vobis fufpicer effe Deum.*S'imaginerent faire
vne neufue cité, & plaifant à Rumulo le mont
Palatin,& au frere l'Auentin, ce firent deux par-

ties, des gens accourent à ceste nouuelle cité, qu'estoiét trois mil infátaffins,& 300. cheuaux, tous Latins,outre ceux qui habitoient au Palatin,Saturne,Auentin,& Ianicole. Dôt par ordre de Numitore prindrent les augures,Rumulo au Palatin,& Rumeno à l'Auentin, auquel aduindrent fix parts du peuple,& à Rumulo douze,& s'en preuallant , mais non quittant Rumeno, vindrent aux mains,ce trouuât Rumeno mort, courât puis bruit&fame qu'il fut esté fait mourir de Rumulo pour n'auoir obey en ce qu'il auoit commandé de ne fortir de la cité finon par les lieux deftinez.Lequel Rumulo carra les môs pallatin & Saturne,& du nom antique de Rome fille d'Italo Athlanté , l'appella Rome , & luy ce nomma Romolo, & non qu'ilfut appelle Rome de fou nom,lequel mot apres les Grecs veut dire force valeur fublimité, difent les Hebreux, ainfi que dit S. Hyerofme, qu'il fut puis amplié de Tullio Hoftillio, y ioygnant le mont Cellio. Anco Marcio l'Auentin, Seruio Tullio les môts Efquillino, Quirinalle & Viminalle. Tarquino prifco le mura à la grande auec pierres carrees, Arcadio & Honorio Empereurs la reduirent en meilleur forme. Virgile au fecond de la Georgique.*Scilicet & rerum facta est pulcherrima* Roma. *Septemq, vna fibi muro circundedit arces.* Sur porte Portefe en lettre grauee est efcrit , *Impp. Cess. D.D.N.N. Inuictissimis Principibus Arcadic & Honorio,victoribus ac Triumphatoribus femper Augg. egestis in menfibus ruderibus ex Suggestione V. C. & Ill. militis & magistri vtriusque militia Stilichoniu ad per*

petuitaté nominis eorũ, Simulacra constituit,
curante, F L. Macropio Longimano V C. Pref.
vrbis D. NN. Q. eõrum. Pierre Valerian au
liure qu'il fait des lettres hieroglifiques
& Egyptiennes, allegant Sirgitio dit Rome fut nommee Cephaló, nom Grec, que
Capo ce dit en Latin & en François chef
teste, & cause que faisant les fondemens
au mont ou estoit Saturne pour y edifier vn temple de Iupiter, fut trouué vn
chef d'vn homme Etrusque, lequel iet-
toit sang nommé Tolio, regnát Tarquin
Superbe, dou vint que le mót fut dit Capitolio. Et bien que la cité fut nommee
de tát de noms, neantmoins le vray nom
de Rome peu le sçauoient, à cause que
les Romains quand vouloient prendre
quelque lieu, ce certifioient que Dieu en
auoit protection, dont ses Sacerdots ou
prestres faisoient prieres que Dieu fut
contant que les Romains vainquissent,
promettant à ces Dieux d'estre honorez
des Romains, comme dit Plutarque, & à
celle fin que le mesme ne fut faict à eux.
Iamais n'en dirent le vray nom de Rome,
Et Valerio Sorano fut puny pour l'auoir
dit. Pline au liure 3. chap. 5. dit, *Superque*
Roma ipsa cuius nomen alterum dicere arca-
nis ceremoniarum nefas habetur obtimaque &
salutari fide, abolitum enumerauit Vallerius
Soranus luitq́ mox penas. Et au liure 18. cha
2. *Verrius Flaccus auctores ponit quibus credat*

Tarquin super-
be 3415. ius-
ques 3450. quil
fut chassé.

Arcadio & Ho-
norio. Empereur
l'an de Iesus
389.

Iupiter fut le
Dieu principal
des Romains.

D'ou desriue le
nom du Capito-
le de Rome.

Ruse des
Romains pour
vaincre & n'e-
stre vaincus par
le moyen des
Dieux.

Comme diuer-
sement la Cité à
esté nommee.

Pirrus
ou Pirro
regna
Roy de
Macedo
ne l'an
du mon
de 3675
Seruio
Tullio
Roy des
Romain
l'ã 3387

in oppugnationibus ante omnia folitum à Romani Sa-
cerdotibus euocari Deum cuius in tutelas id opidum
effet promittiq̃, illi eundem aut ampliorem locum apud
Romanos cultumq̃ durat in pōtificum difciplina id fa-
crum conftat ideo occultatum, in cuius Dei tutela Roma effet ne qui hoftium fimili modo agerent. Le vray
nom de Rome adonc fut Romaneffo q̃ fut fils
de Rome, & les Dieux eftoient Saturne & Romaneffo : les autheurs ne fe taflafiffent de la
loüer : i'en amenerons aucun s, Cino ambaffa-
deur du Roy Pirrus dit par l'Italien Pirro, retourné de Rome luy dit, *Quid de hoftium fide fen-*
tirent, refpond comme dit Flore. *Vrbem templum*
fibi vifum Senatū Regum effe. Et n'eftoit merueille s'ils cõmandoient Roys. Tullio *de natura deo-*
rum, dit, *Nihil eft in mundo melius & in rerum natu-*
ra nec in terris quidem vrbe noftra. Et par P. Silla.
vrbs Roma arx eft regum ac nationum exterarum lu-
men gentium domicilium Imperi, & d'autres. *Popu-*
lufque Romanus dominus Regum victor atque impe-
rator omnium gentium. Et de l'inuentiom de Rome. *Regum populorū nationūm. Portus erat & refu-*
gium patrociniumq̃, orbis terre. Et en autre lieu, *Ea*
enim virtute & fapientia maiores noftri fuerunt vt in
legibus fcribendū nihil fibi aliud nifi falutem atque v-
tilitatem Reip. proponerant. Et par Craffus ou Craf-
fo. *Quantum preftiterint maiores noftri prudentia ce-*
teris gentibus tum facilimé intelligitis fi cum illorum
Licurgo Dracone ac Solena noftras Leges conferre vol-
ueritis: Incredibile eft quam fit omne ius ciuile preter
hoc noftrum inconditum ac pene ridiculum. Et Var-
rius *de eternitate vrbis, quis quafo abfit verbo inuidia*

Romanorum maieſtatem, grauitatē, humani-
tatem prudentiam, ſapientiam animi forſitu-
dinem atque conſtantiã, patientiam, iuſtitiã,
probitatem, fidem, modeſtiam, continentiã,
ingentē, liberalitatem artium, cæteraſque
virtutes omnes pro dignitate ediſdicerat. Et O
uide, *Quid melius Roma.* Et au liure 3. *Omnia*
Romana cedent miracula. terra. Natura hic
poſuit quicquid vbiꝗ fuit. Que Rome fut
edifiee premier de Romolo, ia eſt dit que
ſeroient 840. ans. Et Iuſtiniam Empereur
commanda que ſes loix fuſſent obeyes
par Rome la vieille & neufue, s'il n'en-
tendoit de Conſtantinople en la la loy
premiere, *Codice de vetere Iure*: Ioignant
au Paragraphe, dit, *Roma autem intelligi-*
mus nom ſolum veterem ſed etiam regiam no-
ſtram qua Deò propitio melioribus condita eſt
*augurius.*Pour auoir eſté r'edifiee par Romolo aux kalédes d'Auril au 21.entre 2.
& 3.heures du 10.May,ce trouuât le ſoleil
au Taureau : la Lune en libra, Saturne,
Venus,Mars,Mercure en Scorpius, &Iu
piter aux poiſſons,comme afferme Lucio
Carrulio mathematicien Etruſque en l'o-
limpiade 7. du 2.an. Autres diſent en la
2.en l'an du mōde 3220. auant la venne
de Chriſt 752. depuis la ruine de Troye
432. Autheurs de tout ce que c'eſt dict,
ſont Betoſe Caldeen, Methaſtene Per-
ſien,Senefon,Marſilio,Lesbio,Archiloro,
Q.Fabio peintre,Caton, Liuio Siluio, An

Iuſtiniam re-
gna le premier
de ce nō l'an de
Ieſus 527.

Conſtantino-
anciennement
dit Aizace fon-
dee par les La-
cedemoniens au
Royaume de
Thrace, reſtau-
ree & nommee
par le grãd Em-
pereur Conſtan-
tin,conſtantino-
ple maintenant
chef de l'Empire
Ottoman,& re-
gna Conſtantin
l'ã de Ieſus 310.

Autheurs de
ceſte fondation
de Rome.

Numa Pompilio regna 3248. Iulius Cesar 1. Empereur regn. l'an du monde 3913. & quelques teps les Empereurs esleus par les legions Romaines print encor posseßion d'Heredité iusques aux maris des filles ou tels qu'il plaisoit à l'epereur de nõmer en son trespas iusques icy*

Mort de Romolo & cruauté du Senat.

*ya eu diuersité d'installation à l'epire ayãt esté ordonnez les electeurs par Gregoire 5. 10. & Innocét 19. aux regnes des Othõs Thierry & Fede

thoine Beuter aux histoires d'Espaigne, Iean Annio, Strabon, Dionisio Alicarnasseo, Lucio Flore antiquitez d'Italie. Autheurs incertains & autres que Romulo fut de stirpe Roylle, ia c'est dit, mais ce q plus importe est que ce Romolo fut docte en l'astronomie, & fit l'an de dix mois questoient 304. iours, & le 1. mois le dedia à Mars de son engendrement. Ouide au 1. de faste dit, *Tempore digeret cum cõditor vrbis in anno. Constituit menses quinque bis esse suo,* Numa Pompilio successeur y adiousta 50. iours, faisant l'ã de douze mois. Ouide au 1. de faste dit, *At Numa nec Ianus nec auitas praterit vmbras mensib° antiquis adidit ille duos.* Iulius Cesar parfaict à l'Astronomie reduit à meilleure forme le kalendrier pour le cours du temps de Numa, dont fit l'an de 365. iours, comme disent Iean Lucido & Iulio Fornico, Gregoire 13, la reduict au vray cours du Soleil. Regna Romolo 37. ans, & estãt venu en hayne aux Senateurs faisant la reueue & mõstre au 17. May de trante mil hommes de pied, & deux cens caualiers au champ de Mars à la pallude Caprea fut des Senateurs occis, auquel temps s'obscurcit le Soleil, & pour ne le faire sçauoir chacun d'eux en printvne piece, disant aux gardes & autres estre vollé au ciel, Plutarque en sa vie & Ouide aux faste dit, *Et locos antiquis Caprea dicere paludem : rorte viris illic*

Romula

Romule iura dabas: Sol fugit & remanent su-
beuntia nubile cœlum. Et grauis effusis decidit
imber aquis. Hinc tonat omissis obrumpitur i-
gnibus æter. Fit fuga rex patriis astra petebat
equis. C'eſt toute la traduction de ladite
antiquité & fondatió en meſmes termes
François qu'il eſt en Italien, ſans adiou-
ſter ny diminuer. Et cy deſſous s'enſuit
ce que i'ay voulu plus particulierement
noter des choſes rares &notables de Rome par nous veues. La ville de Rome vaſte vuide, muraillee à l'ancieuneté preſque ſans ce pouuoir deffendre qu'a la
main ſeulement, auec la force du peuple,
ou ſoldats à cauſe de ſon grand circuit, &
à des lieux les murailles baſſes & ruynees
de la hauteur d'vne cane, & meſmes le
long des lices qui ce voit allant de S. Paul
à S. Iean de Latran, il n'y a que le Bourg S.
Pierre, palais S. Pierre & Beluedere, ioinct
le chaſteau S. Ange, ou eſt tout bien ſerré
muraillé & baſtió s reueſtus. Chacun ſçait
qu'il y a ſept monts principaux dans l'en-
ſein, Sçauoir, Campidolio, Palatino, Aue-
tino ou bien Querquotulano, Celio, Quirinale ou bien Egonio, ce iourd'huy dit
Monte-caualo, Viminale, & Pincio. Et
des petits, comme le Vaticano, Ianicolo,
Citorio, Iourdano, Teſtaccio, lequel eſt
fait tout de pots de terre, proche la por-
S. Pael, & autres qui y peuuent eſtre. Rome auoit anciennement de tour auec les

*ric ſecond en l'ã
nee 920. & du
regne de Henry
1. aucuns Ducs
cõmencerẽt à ✱*

*Fin de la trans-
lation, & s'en-
ſuit les choſes
par nous venes
à Rome.*

*✱ dreſſer leur
chef en ſouuerai
neté & occuper
l'epire d'italie.*

*Rome murail
lee de brique, les
tours proches l'v
ne de l'autre.*

*Le nom des
ſept monts, &
autres petits.*

Combien à de tour Rome en ce temps.

Combien à de bourgs 50. milles, ainſi que diſét aucuns, trante deux, vingt huict: mais maintenât elle n'a denuiron (auec le Traſteuere) & & le bourg S. Pierre que ſeize milles Romaigne, c'eſt a dire bien grandes, que les deux font la lieue de France, & les deux & demy la lieue de Prouence, pluſtoſt dauantage que moins. Il eſt compoſé de 14.

Le nom des cartiers.

regions ou carriers qui ſont Monti, Colona, Treio, S. Euſtachio, Ponte, Regola,

Le nõ des ponts. pont S. Ange eut nom Elio. faict faire par Elio Adrian Empereur, & racommode par le Pape Nicolas 5. pot Sixto eut nom Aurelio & Ianiculeſe, & depuis refait par Sixte 4. pont quatre Capi fut dit Sexto & Eſquilino, põt S. Marie fut dit Senatorio & Palatino.

Ripa ou ſont les barques, Traſteuere, Campidolio, Parione, Pigna, Campomarſo, S. Angelo, el Bourgo. Il y a 108. parroiſſes, & infinité d'autres Egliſes. Le Tybre paſſe entre Rome, le Traſteuere & bourg S. Pierre: & depuis le pont dit Ilmole, ou vrayemét Miluio, loing de Rome deux milles, au bout d'eſtrada Flaminia, ditte Del populo, comprins iceluy ſur ledit Tybre, il y a cinq ponts., les autres quatre tout de ſuitte dans Rome nommez, ponte S. Angelo, ponte Sixto, ponte quattro Capi, ou eſt l'iſle S. Barthelemy dans ledit fleuue, qu'à demy mil de long, & 50. pas de large, faite en forme de nef, & el ponté Sancta Maria, qui eſt rompu de la moitié du coſté de Rome par la derniere innondation du Tybre. Il s'y trouue encor dix-huict portes, la principale

Nom des portes.

eſt dite del Populo, enciennement appellee Flumétana & Flaminia, la Pinciana, ia dite Collatina, la Salara, ia dite Quirinale,

Angonale & Collina, celle de S. Agnefe, ia dite
Momentana rigulenfe, & Viminale, celle de S.
Laurens, ia dite Tiburtina & Taurina, la Magio-
re, ia dite Labicana, Preneftina & Neuia celle de
S. Iean ia dite Celimontana, Settimia, & Afina-
ria, la Latina, ia dite Forentina. Celle S. Sebaftié,
ia dite Appia, Fontinale, & Capena. Celle de S.
Paul, ia dite Oftienfe & Trigemina. Celle de Ripa ia ditte Portuenfe. Celle de S. Pancratio ia
dite Aurelia & Pācratiana. La Settimiana ia dite
Fonftinale. La Torrionne, ia ditte Pofterula. La
Pertula. Celle de S. Efprit. Celle de Beluedere.
& celle de Cnelo ia dite Enea. Encor 'elle eft cō-
pofee de fept grands rues principales habitees
ce croifans & trauerfant la ville d'vn bout à l'autre, & par ou vous allez à toutes les autres, fans
y comprendre vne infinité qu'il y en a d'affez
grandes, non dans le cœur de ville comme les
fept, & autres ruettes, ny celle dans le bourg S.
Pierre. Celle qui va de la porte S. Efprit iufques
au Trafteuere & Ripa, ny Leftrada Pia.

Or donc abordant audit Rome du cofté d'Italie, mefmes de Venife, Encone, Gennes, Milan,
Floréce, d'Allemagne, d'Efclauonie d'Autriche,
d'Armenie, de Candie, de France, d'Efpagne, &
de tout l'Occident. Ce paffe à deux milles de la
cité le Tybre fur vn pont ia nommé dit il Molle,
& ce va droit par vn grand chemin, auec tout
plain de palais & maifons deça & dela appellé
Eftrada Flaminia & Populo hors de ville, & arriuez à la porte & dans la ville y a vn grand vuide, à gauche l'Eglife S. Marie du Peuple, & au

Porte Latine ou S. Iean fut boulu à hui le ayant defpuis retenu ce nom.

Rome cō pofee en tres autres de fept grā des rues principales.

Princi-pale & grād entree de Rome.

Porte &
eſtrada
Flami-
nia, ou
del Popu
lo qu'on
dit que
le Côſul
Flami--
nius fit
pauer
tuſques
à Rimi-
ni citéeſ
loignee
de Rome
60 lieues

Pirami-
de.

Trois
des ſept
grandes
rues, &
ou ils
vous me
nent.

mitan de la place ſur vn grand pied de marbre vne grande haute piramide à quatre carres, cinq pans pour le moins à chaſque carre toute d'vne piece, couuerte de lettres hyerolifiques, au bout vne croix ſur trois formes de coupes de calices renuerſees en bas, ladite piramide de la hauteur du clocher de l'Egliſe qui eſt bien haut, & à ſon pied tournant à la ville vne fontaine de marbre aſſez belle, d'ou vous voyez trois deſdites grâds rues, & de chacune d'icelles au plus loing ladite piramide ce voit cóme ſi elle eſtoit poſee à droite & au commencement de toutes ſi bien & induſtrieuſement elle eſt dreſſee en lieu cómode. Donc pour parler deſdites ſept grandes rues nous parlerons de ces trois, l'vne deſquelles qui eſt à droitte en entrant à la ville, s'en va droit à l'Egliſe S. Loys, de la à la Rotóde ou Pantheon, & à la porte S. Paul, & encor prenant à Piaça, Nauona & Paſquino, vous menera au Traſteuere & Ripa, d'auantage prenant à droitte pres ou l'on vent le bois, & ou n'y a point de maiſon enuiron cinquâte pas du coſté du Tybre & ſous Piaça Nicoſie, vous mene droit au pont S. Ange & de la à S. Pierre. Celle du mitan va droit à S. Marc à Câpidolio, & l'autre bout de Rome. Celle de gauche vous conduit à Montecaualo, à S. Marie Maiour, à S. Iean de Latran & ſa porte. Au deuant deſquelles Egliſes à chacune y a vne autre piramide ſur pied de marbre, celle de S. Marie Maiour toute plaine plus petite & rapiecee, celle de S. Ieã en lettres hyeroglifiques toute d'vne piece, haute. Les quatre autre grãds

rues commencent toutes quatre leur pointes
au pont S. Ange, & en venant sur iceluy vous
les voyez toutes en face, celle à droitte & plus
proche du Tybre nommee estrada Iullia vous
mene droit à la Trinité au pont Sixto, au Tra-
steuere & Ripa. La seconde l'estrada du Pelle-
grin qui vous mene à Campi di Fiori, à sancto
Angelo, in Pescaria, à campi Iudei, à S. Paul, &
encor à gauche passe sous la Rocca, ou Capitole,
& va fódre à l'Anthoniane, ladite Rocca ou precipice, est celle dont est parlé sur Tarpeia. La 3.
vous mene à place Madame, apiaça nauona, ou
noua, à Pasquino, & encor à S. Loys à la Rotonde, à Campidolio, & S. Iean de Latran. La quatriesme à Mótecaualo, à la Trinité, à Saincte Ma
iour, aux quatre fontaines, estrada Pia, & sa porte qu'est celle de Saincte Agnese, ditte de nouueau Pia, du nom d'vn S. Pere, et encor lors que
vous estes à Lourse qui fait canton prenant à
gauche vous mene à la porte de Populo. La prin
cipale & plus ancienne Eglise de Rome Euesc-
ché du S. Pere est S. Iean de Latran. La seconde
S. Pierre. La troisiesme S. Paul, hors de ville, au
mesme lieu ou fut trouuee sa teste, toutes trois
fondees & adoptees par le grand Constátin Empereur. La quatriesme S. Marie Maiour. La cinquiesme S. Laurens. La sixiesme S. Sebastien. La
septiesme S. Croix en Hyerusalem, lesquelles
sept ce souloient visiter pour gaigner le Iubilé,
mais depuis le S. Pere pour soulagement des pelerins ordonna les quatre seulement, la forme
desquelles nous descrirons premier. S. Iean de

Eglise S. Iean de Latran, la premiere & antique de Rome Latran situee aupres des murailles, & ioinct au nouueau palais qu'y a fait faire Pape Sixto 5. elle est faicte en croix ou fleur delis, au deuant de la porte principale vn couuert sur colonnes, & le dedans sans aucune caue, seulement le solier de la grand nef qui est de bois regy sur trois belles rangees de colonnes de marbre, & à gauche vn cours de chapelles, à l'vne desquelles est la custode corpus Domini, & au bout de ladite grand nef est le grand tabernacle & le lieu ou ce conseruent les testes S. Pierre & S Paul, au deuãt visant à la porte le sepulchre d'vn Pape de cafe Colonne de bronze, & dernier vne autre petite nef la trauersant, le ciel d'icelle tout l'ambricé, peint, doré & images taillees, & la y sont les orgues, sur l'entree de la porte de ladite nef qui tourne vers la piramide, & ou y a encor couuert & gallerie au dessus, & à l'opposite desdits orgues des pl' beaux & gros, & de l'autre bout de ladite nef y a vn autel richemét orné de porphire, bronze, marbre, dorures & peintures. Tout pres de ladite Eglise est l'escala sancta, degrez en nombre de vingt huict de marbre blác que nostre Seigneur monta à la maison de Pilate. L'eglise S. Pierre est tout ioignant le palais du S. Pere & les murailles du bourg peu distantes, ou deuant y a vne grand piace, au mitan vne piramide de la hauteur de la nef de l'Eglise toute d'vne piece, à fix pans au pied à chasque carre sans lettres, regie par quatre Lyons de bróze, surdorez qui ce tiennent sur vn grand pied de marbre carre, entouré d'vne gallerie & barrie-

L'eglise S. Pier-

re de petits piliers aussi de marbre, vn en chafque canton sortant leur langue ou y a vne estoil
le au bout comme s'ils vouloient creuer pour le
grand faix, au plus haut vne croix doree comme
aux autres, auec indulgence, au bout de ladite
piramide furent trouuez les cendres du corps
de Iulius Cesar dans vne phiole de bronze &
& son escriteau. A droit de ladite piramide vne
fôtaine aussi de marbre, ou sur le plus haut d'v-
ne coupe y a quatre enfançons & Dauphins &
vne estoille de bronze qui ierre eau en toutes
pointes, & plus bas & separé vne conque ou au-
ge plus longue que large, ou raye vn canon ou
l'on y abreuue les cheuaux. Encor à droitte est
le palais du S. Pere, au commencement l'habitation des Suisses, & à l'opposite de ladite piramide l'Eglise. Ou auant l'abord ce monte trante
cinq grands degrez de marbre, & apres au deuant de l'Eglise, & au mitan d'vne basse cour ce
trouue vne pigne de bronze d'exorbitante grof
feur, & la hauteur d'vne cane & demy couuerte
d'vn ciel de bronze qui s'espuise par Dauphins,
orné de paons tout de bronze, regy sur huict
belles colonnes, deux de porphire, six demar-
bre, & apres deuant la face de l'Eglise, ou y a
six entrees (comprins la porte saincte) ce trouue
vn couuert sur colonnes de marbre, à vn bout
duquel à gauche y a vne porte qui va au cime- *Cime-*
tiere des forins, de 24. heures (ainsi dit) pour cô- *tiere ou*
somer dans ledit temps vn corps, & de l'autre *n'est en-*
des degres entrant au palais, la grand porte de *sepuely*
bronze, l'ancienne Eglise S. Pierre presque aussi *que les*

longue que large, fans caue, le ciel de bois non orné, regy fur quatre rágees de colonnes de marbre des plus belles, & d'icelle vous entrez à la nouuelle & Domou S. Pierre qui n'a fon pareil, ou y a fix nefs, deux grandes, & quatre vn peu plus petites, toutes en croix trois à chafque trauers. Le Domou au mitan de toutes fix de telle hauteur qu'vn homme des plus gros ce trouuât au bout de la couppe ne paroift de la groffeur d'vn petit enfançon : & s'y monte au deffus par vne vifette apart fans degrez en forme de paué de môtaigne : au mitan d'iceluy le tabernacle & autel qui ce voit des bouts. Aux quatre cantons du haut & cômencement des voutes dudit Domou, y font reprefentez en œuute Mofaicque les quatre Euangeliftes : à gauche dudit tabernacle eft le fepulchre du Pape Paul troifiefme de cafe Farnefe, des plus beaux, qui ce releue en pointe, le Pape au bout de bronze, affis fur vne chaire en habit pontifical, & de chafque cofté la vieilleffe & la ieuneffe, reprefentez en deux femmes releuées en marbre blanc luftré, & plus bas & large autres deux eftatures de mefme femblans albaftre. A droitte eft la chapelle Gregorienne, faitte faire par le Pape Gregoire treziefme, toute de marbre en diuerfes couleurs & colonnes, à trois grands autels fermee de barriere & gallerie de marbre fort exquis, & y eft encor enfepuely en belle fepulture. Dans ladite Eglife y a beaucoup d'autres fepulchres de Papes. Tout le dehors du Domou & Eglife neufue de belle pierre de taille, le dedans de brique, la plus-part couuerte

eftran--gers s'en têd ceux qui ne font de Rome, ou les corps font cô-fommez en vingt quatre heures.

Paul 3. fut efleu Pape 1534.

Gregoire 13. efleu 1572.

couuerte de marbre, & s'y trauaille tousiours, le ciel tout doré, le paué tout marbre luysant. Le palais du S. Pere grand espacieux pour y loger trois Roys, ou est
le lieu de Belueder, ainsi nommé, parce
que de la ce voit toute Rome, pour estre
sur le môt Vaticano. Ledit palais est presque tout basty de brique auec quelque
marbre, & colonnes aux galleries, ou il y
a vne dudit Belueder qu'a enuiron mille
pas de long, & au bout est le iardin secret
du Pape, toutesfois maintenât ouuert, a-
uec estatues admirables de marbre blâc,
celle de Cleopatra couchee en entrant.
Celle de Leaconte auec les deux enfans
& serpens. Le simulacre du Nil & du Tybre, Romulo & Remo qui s'exercent aux
tetins de la Loaue, Apolo, Venus, Cupidon, d'Anthonino fils tât aymé d'Adrian
Empereur. Audit palais y loge le S. Pere,
le Camerlingue qu'est Aldobrandino sô
Nepueu. L'Eglise S. Paul hors la ville vn
mil, en la voye ou chemin Ostiensis, bastie de brique, à la face y a de la Mosaicque, & vn couuert deuant la porte regy
sur colonnes, & entrant l'Eglise est formee en croix, la grant nef principale à
quatre rangees de colônes, vingt en chacune, & 4. autres aux deux grands voutes
sur le tabernacle, qui sont 84. colonnes
de marbre des plus belles : au bout d'icelle ledit tabernacle fait à l'imperialle regy

Palais du S. pere

Iardin secret
& estatues.
Cleopatre fut
Royne d'Alexan
drie apres les
onze Thollomeus
coronee l'an du
monde 3911.
& mourut auec
Marc Anthoine,
& finist le re-
gne l'an 3919.
saisi par Octa-
uius Cesar.
Esglise S. Paul.

Q

Saincte Marie Maiour.

fur colonnes de porphire, & au dernier d'iceluy au mitan de l'autre nef qui trauerfe la gráde, vn autel orné de porphire, marbre, albaftre dorures & peintures S. Marie Maiour en veue de S. Iean de Latran, pres l'Eglife S. Anthoine, duquel cofté y a auffi mufaique, & couuert comme les autres, formee en vne grande nef, deux rangees de colonnes, & à gauche vn cours de chapelles, & à droit du tabernacle la chapelle *corpus Domini*, que le Pape Sixte 5. à fait faire en Domou couuerte de plomb, toute de marbre blanc en perfonnages & hiftoires taillees, fous le tabernacle eft le corps S. Matthieu, & à gauche efleué fur colónes vn lieu ou l'on tient vne jmage noftre Dame peinte par S. Luc, & au deffous ce dit Meffe, de l'autre bout & tefte de l'Eglife vn grád vuide, & la piramide que nous auons cy deuant dit, & plus bas S. Potentiane, ou y a vne belle chapelle. Aufdites quatre Eglifes y a vne infinité de corps Sainéts, & à toutes les autres de Rome, ce que nous n'efcrirons pour n'eftre prolixes, & encor des antiquitez, finon dés plus entieres & raretez qui font notables audit Rome que nous auons venues, pour auoir faiét les iournées, & y auoir bien trauaillé, & defpendu argéc pour les voir: car en Italie il eft trop commun qu'ils font mercenaires en toutes chofes, & touf iours vous entendent fur les deux, *Bifogna dar la mancha*, ou bien, *Vn poco de lemozina per la fabrica*. Sans quoy bien fouuent au prealable rien ne ce peut voir, il eft vray que quand à Rome les fainctes Reliques ceft an S. ce monftroient en pufit faire.

La chapelle Se Potentiane petite mais fort belle de marbre, & autres pierres riches de diuerfes couleur que le Cardinal Gaietã viuant Camerlingue de Rome puft faire.

blic & en particulier à aucuns. A l'Eglise
S. Iean de Latran, y font les deux teftes S.
Pierre & S. Paul, de S. Zacharie pere de S.
Iean Baptifte, de S. Pancratio martir, le
deffous d'vn pied S. Laurens, le calice a-
uec lequel S. Iean l'Euangelifte beut la
poifon qui luy fut baillee par comman-
demét de Domitian l'Empereur, la chai-
ne auec laquelle il fut lié quand il fut a-
mené d'Ephefe à Rome, des cendres de S.
Iean Baptifte, des cheueux & veftemens
de la glorieufe Vierge, vne des chemifes
qu'elle fit à noftre Seigneur. La feruiette
auec laquelle Iefus effuya les pieds à fes
Difciples. La robe d'efcarlate que luy
fit veftir Pilate, teinte de fon precieux
fang, du bois de la croix, de l'eau & fang
qui faillit de fó cofté. L'Autel que tenoit
S. Iean Baptifte au defert. L'Arche Fede-
ris. La verge d'Aaron & de Moyfe. La table fur laquelle noftre Seigneur fit la der
niere Scene auec fes Difciples. Toutes lefquelles chofes furent portees à Rome de
Hyerufalem par Tite Vafpafien. A l'E-
glife S. Pierre eft la moytié des corps de
S. Pierre & S. Paul. El volto fancto, c'eft à
dire la toille que la Veronique mift en
face de noftre Seigneur, ou il eft refté
peint de fon precieux fang. Le fer de la
lance que luy perça le cofté, enuoyé par
le grand Seigneur à Innocent huictief-

Corps S. de IE-
glife Sainct Iean
de Latran.

Domitian re-
gna l'an de Ie-
fus 82.

Moyfe fut le
premier Iuge &
Duc des enfans
d'Ifrael l'an du
monde 2452.
& eurent les
Hebreux deux
mille ans, le pon
tificat fous huis-
ctante pontiphes
Corps faincts
de de l'Eglife S.
Pierre.

fut pape In-
nocent huictief-
me Geneuois

Q 2

l'ã 1484 me. Les corps de S. Symon & Iuda Apoſtres.
De S Iean Chryſoſtome, de S. Gregoire Pape, les

Corps teſtes de S. André, de S. Luc, de S. Sebaſtien, de S.
S. de l'E- Iaques mineur. A l'Egliſe S. Paul y eſt encor
gliſe S. l'autre moytié des corps S. Pierre & S. Paul, le
Paul. corps de S. Thimotheo diſciple de S. Paul, vn
bras ſaincte Anne, la chaiſne auec laquelle fut

Corps S. lié S. Paul, la teſte de la Samaritaine. A Saincte
de l'Egli- Marie maiour cóme eſt ia dit le corps de Sainct
ſe S. Ma- Matthieu Euangeliſte, le corps S. Hyeroſme, la
rie Ma- Creiche ſur laquelle naſquit noſtre Seigneur, &
iour. la toille qu'il fut enuelopé en Betthleem, & au-

Ceux de tres. A S. Laurens le corps bruſlé de S. Laurens,
S. Lau- & de S. Eſtienne, vne des pierres auec laquelle
rens. il fut lapidé, & vne piece de la grille ſur laquel-

Ceux de le S. Laurés fut roſty. A S. Sebaſtien y eſt le corps
S. Seba- dudit Sainct, de S. Eſtienne Pape & martir. A
ſtien. Sancta Cruce in Hyeruſalem, vne phiolle plaine

Ceux de du ſang de noſtre Seigneur, l'eſponge auec la-
S. Croix quelle luy fut donné à boire le vinaigre & fiel,
deux eſpines de la couronne qui luy fut plantee
au chef, vn des cloux qu'il fut cloué en croix. Le
titre meſme que luy fit mettre Pilate ſur la croix
de *Ieſus Nazarenus Rex Iudeorum*, couuert d'argent, vn des trante deniers qu'il fut vendu. La
moytié de la croix du bon larron, le corps de S.
Anaſtaiſe. A S. Barthelemy le corps dudit Sainct,
& vne milliaſſe & nombre ſans nombre d'au-

Palais tres reliques & corps Saincts en toutes les Egli-
de mõte ſes dudit Rome, trop longues à reciter. Le pa-
Cauallo. lais de Montecauallo beau, le iardin admirable
du S. Pere: il y a plus de deux cés ſources de fon-

taines , & encor sous la basse cour qui tourne
audit iardin &vers S. Pierre,des orgues qui iouent par la force de l'eau en ressorts,sans que nul
touche ny donne vent.Le iardin Pallatin de ca-
ze Farnese in campo vachino. La vigne du Cardinal Matthei pres la Nauicella, ou dedans y a
vne piramide:Le palais &vigne deMedicis,aussi
auec vne piramide , & beaucoup d'autres que
nous laisserons pour n'estre important. L'antiquité plus en son estat est le Pantheon ou Rotóde,qui estoit le temple de tous les faux dieux,
maintenant à la Vierge &à tous les Saincts formé en rond, en domou sans aucun iour, sinõ au
bout de la couppe,en rond tout marbre & porphire,le dedans paué,le dessus couuert de plób,
& à la porte seize colonnes de marbre grosses,
hautes superbes:il fut fait ediffer par Agripa, a-
uec inscription telle au trauers du portique M.
Agripa L. F. Cos. tertium fecit. Et plus bas autre
grande inscription.Les piramides cy dessus, Les
colonnes Anthoniane & Traiane de marbre faites à degrez,& ce monte par iceux au dedans au
plus haut, qui surpasse toutes les maisons de l'é-
tour, & au dehors en personnages & histoires
releuees est representé toutes les batailles victoi
res & trophees des deuxEmpereurs,chacun à la
siéne, celle d'Anthonio à de hauteur 177.pieds,
140.degrez & 56.fenestres cõme arquebuzieres,
&au pl^9 haut y a vnS. Pierre de bróze.Et la Traiane haute de 123.pieds, & auec son pied 155.
degrez & 45.fenestres , & vn S.Paul de bronze
surdorez. Quand au Campidolio ou Capitolio,

Anti-
ques de
Rome &
choses
notables
Iardin
Palatin
Vigne
du Car-
dinal
Mathei.
Palais
de Me-
dicis,
Le Pan-
theõ, ou
Rotonde
Agripa
regn.l'ã
du mõde
3049.
Roy du
Latio &
Rome.
Colõnes
Anthon.
Pio re-
gnaEm-
pereur
l.ã 150.
Traian
100.

il n'eſt plus orné comme il eſtoit anciennement : mais ſeulement à preſent en y abordant, venant de la Rotonde Minerue leſuiſtes, & autres lieux du corps de ville, & viſant à S. Pierre ce trouue deux grands larges eſcalles ou bien degrez ſeparez en deux parts, ceux de gauche faits en degrez de maiſons montent à l'Egliſe S. Marc, & les autres au Campidolio, ou y paſſe cheuaux & carroces, muraillé de-ça delà, & au bout d'iceux de chaſque coſté, ſçauoir en deux de l'étree de la place du capitole (qui eſt faite en oualle) vo˜ voyez ſur grand pied de marbre 4. geás tenant vn cheual, tous quatre de marbre blanc & de treſ grand eſtature, & à chaſque coſté de chacun d'iceux (non ſi haut releué) vn homme armé antique chargé d'armes fort difficile à recognoiſtre ce que c'eſt : mais dit on que ce ſont des trophees de Marius pour auoir deffait les Cimbres en Prouence. Et entrez dedans la place au mitan ſur vne maſſe de marbre en oualle y eſt l'Empereur Marc Aurelle à cheual en bronze, le cheual & hõme fort grands, qui fut fait par le peuple Romain pour auoir triomphé de Dacie. Et à l'oppoſite de l'étree eſt le palais des Senateurs, r'acõmodé de neuf, ou ce mõte par degrez au dehors de deux coſtez, & ſur le mitan de la muraille d'iceux vne fontaine qui iette force eau, quelques e-

Campidoli, mot corrompu mais Capitolio, que Tarquin Superbe edifia de la prinſe de Pometia cité des Latins. M. Horatio Puluillo le finiſt & Quinto Catulle le deſdia à Iupiter Capitolin.

Trophees de Marius pour auoir triomphé des Cimbres.

Marc Aurelle Anthonin Philoſophe fut Empereur l'an de Ieſus 162.

Pallais des Senateurs.

statues, mesmes le simulacre du Nil & du
Tybre, Romulo & Remo au pied. A droit
est le palais des Conseruateurs, ou entre
autres belles antiques, i'auós veu la Louue de bronze, & Romulus & Remus de
mesme luy succát les poupes. Et vis à vis
dudit palais l'Eglise S. Marc, au dessous
de la muraille de son parc, vne fontaine
qui sort sous le simulacre de Marforio.
C'est tout le capitole ainsi qu'il est maintenant. De la vous descendez à Campo
Vachino, ou est le temple de la Paix ou
s'y bat les cheuaux, rencontrant l'Arc ou
portail de Seuere, fort beau trophee de
marbre en personnages & histoires releuees, & graué. *Imp. C. L. Septimo M. F. Seuero
Pio Pert. Aug. P. P. Parthico Arabico & Parth.
Adiabenico Pont. Max. Imp.* & de suitte escrit
pour sept ou 8 lignes, au bout ces lettres.
S. P. Q. R. Celuy de Tite Vaspasien au
bout de la place, s'y passe dessous allant
à S. Iean de Latran, pour estre ioinct aux
murailles du iardin Palatin Farnes, lequel
trophee luy fut faict retournant de Hyerusalem, y ayant escrit & graué S. P. Q. R.
Diuo Tito. Diui Vespasiani F. Vespasiano Aug.
A l'opposite dudit iardin l'Eglise S. Cos-
me & S. Damian, anciennement temple
de Rome fille d'Italo Athlante, & encor
le temple de Marc Aurelle & Faustine sa
femme fille d'Anthonio Pio qui a vn fort
beau frontispice de colonnes de marbre,

*Palais des con-
seruateurs.*

*Arc de Seuere
qui regna 195*

*Arc de Tite
Vespasian qui
regna 81. lequel
& Vespasian son
pere sont ensep-
uelu en vn sepul-
chre de marbre
dans l'Eglise Ste
Sauo au mont
Auentin.*

*Temple de Ro-
me fille d'Itallo.*

*Temple de
Marc Aurelle &
Faustina.*

& escrit, *Diuo Anthonio*, & *Diua Faustina*
E. EX. S. C. Ledit iardin est le mont Pallatin, maintenant dit palais maiour, parce que la y a esté basty le principal palais
des Empereurs Romains, & tout plain
d'antiques vestiges : dans ladite place y a
trois colonnes cannellees, quelque marbre façonné au dessus, reste du temple de
Iupiter. A des iardins & dernier le temple de Marc Aurelle, la tour bastie de
brique de l'Illustre case de Conty, y ayāt
eu neuf saincts Peres de ceste race, que
fit faire Innocent 3. pour memoire de sa
famille : Et vne autre tour aussi de brique,
sur monte Caualo, faite faire par Boniface 8. ditte, *Torre delle militie*, parce qu'en
ceste contree habitoient les soldats de
Traian. Allant (côme il est ia dit) de Campidolio à S. Iean de Latran, ce trouue
l'Amphireastre ou Colizee de Vespasian,
grand espacieux de marbre blanc, & gros
ses pierres & brique, entier d'vn costé
& presque à son haut, & de l'autre à moytié demoly : il y pouuoit demeurer assis
ceht nonante milles personnes auec au-
tāt de veue l'vn que l'autre, par le moyen
des degrez eslargissant en haut, commō
on peut voir à ceux de ceste prouince. Au
droitte est l'arc ou trophee de Côstātin de
marbre en persōnages & inscriptiō Imp.
Cæs. Flauio Constātino M. P. Et plus bas Imp.
Cæsar. FL. Constantino maximo, P. F. Augusto.
S. P. Q. R.

Mont Palla-
tin, c'est l'anti-
que Rome ou Ia-
nus la bastit &
nomma Ianico-
la & puis Etrus
qua, & par Nē-
brot Cameza.

Vestiges du
temple de Iupi-
ter.

La tour de Côti.

Innocent 3.
fut Pape l'an
1198.
Boniface hui-
ctiesme 1494.

Collisee ou
amphiteatre de
Vespasien qui fut
Empereur 72.

Trophee de Con-
stantin Empe-
reur.

S P.Q.R. *quod inftincta diuinitatis menfis magnitudi-*
ne cum exercitu fuo tã de Tirãno quam de omni eius fa-
ctione, Et autre efcript. Et la pres & dãs les iardins
des Freres de S. Marie neufue quelᵹs veftiges du
tẽple du Dieu Serapidis. Paffant fous ledit trophee de Conftantin, tirant vers S. George au Vã-
labre qu'eft à gauche y eft auffi d'ãtique le temple de Ianus quadrifrõtis, formé en quatre por-
tails & quatre piliers carrez, ornez tout à l'entour de formes de feneftres tout de marbre.
Pres S. Sebaftien y eft le fepulchre de Metella
femme de Craffus, du vulgaire, dit *Capo di boue.*
Ou eft baftie noftre Dame in Trafteuere, eftoit
le temple meritoire des Romains auquel habitoient les vieux & infirmes foldats, qui auoient
feruy, le peuple, & y eftoient nourris & gouuer-
nez toute leur vie. Laquelle belle œuure de pie-
té noftre Seigneur illuftra grandement le iour
de fa naiffance ; car durant vn iour & vne nuict
dans iceluy temple fortit abondament vne fontaine d'huile coulante iufques au Tybre. Le lieu
de laquelle encor ce voit, & ce monftre fous &
deuant la premiere marche du grand autel de
ladite Eglife fermé de fer. Proche des termes de
Traiã y font les fettes falles du vulgaire: mais ci-
fternes fous terre ᵹ Vefpafiã auoit fait faire pour
l'vfage des Colleges faincts Pontifes, fort belles
& notables antiquitez, aufquelles fut trouuee
cefte infcription, Imp. *Vefpafianus Aug. pro collegio*
Pontificium fecit. Le mont Quirinalle, maintenãt
dit monte Cauallo, eft à caufe qu'il y a efté depuis mis & releué fur vn pied de marbre tout

Tẽple du
dieu Se-
rapidis.

Sepul-
chre de
Metella.

Temple
meritoi
re.

Fõtaine
d'huile.

Citer-
nes dit-
tes Set-
tes Salle

R

Mont Quirinale cheuaux & geãs de marbre.

contre vne fontaine, au deuant du pallais deux grands cheuaux de marbre tenus par la bride de deux geans, mandez d'Egypte à Neron par Mitridate, & lefdits geans font à la femblance & eftature du grand Alexandre. Eft encor tout entier le fepulchre de Bacchus hors de Rome dans l'enclos S. Agnefe: lequel eft pofé en vn petit temple formé en rond, & outre le rond des murailles y a vn atour de colonnes de marbre, & à l'oppofite de la porte dernier vn autel qui y eft maintenant ledit fepulchre de bacchus, tout de porphire en deux pieces, le vaze & fa couuerte qui à bien dix pans de lõgueur, cinq de largeur à tout carré, & fept de hauteur: la face en petits enfançons, raifins & feuilles de vigne taillees: aucuns veulent dire que c'eft le fepulchre d'vne fille de Cõftantin: mais à la verité les raifins & feuilles me font croire que c'eft de Bacchus. Les termes d'Anthonian à gauche, allant de S. Iean de Latran à S. Paul pres des murailles belle & fuperbe antique. Ceux de Domitian admirables, auec fes trois grottes fous terre, qui vont (cõme on croit) l'vne à Campidolio l'autre à S. Sebaftien, & la troiziefme paffãt & trauerfant fous le Tybre, va au mont Vatican, toutesfois impoffible d'y aller pour eftre comblees, nous entrafmes dãs l'vne & allafmes enuiron cinq ou fix cẽs

Neron regna l'an 52.

Alexandre le grand Roy de Macedoine regn l'an du monde 3627.

Sepulchre du Dieu Bacchus figuré comme difent aucũs pour Ianus & par cõfequemment Noé, luy celebrãt les feftes Bacchanales pour auoir éfté le premier à plãter la vigne l'Anthoniane.

Termes de Domitian.

Les Termes de Conftantin font à monte Caualo & de termes ou cirques y en a plus de 25. dãs Rome.

pas loing, sans pouuoir iuger à quel endroit portât vn flambeau allumé. La muraille de pietra Tiuertina, pres de monte Cauallo, dans des iardins, d'ou l'ô dit que Neron voyoit brusler Rome. Et pres de la, la maison ruynee de Ciceron. Proche de la porte S. Paul côtre & entre les murailles à droitte en sortant est le sepulcre de Caius Cestius vn des sept hommes qui ce creoient aux commissions des sacrifices solemnels des Romains, & ce n'est point le sepulchre de Romulus, ainsi que tient l'erreur du commun, puisque Romulus n'a iamis esté ensepuely n'en cendres n'en corps : l'inscription qui est au sepulchre tournant hors de ville & ce pouuant lire du chemin en est le vge, à quoy ie m'arreste, contenant propremét ces termes, *C. Castius L v. Pob. Epulo Pr. Tri, Pl. Vir. Epulonum.* Et plus bas. *Opus absolutum ex testamento diebus. C. C.C. Arbitratu Pont. P.F. Cla. F. Clamele Heredis & Pothl.* Et quelques autres ne ce pouuant lire: Certes c'est vne belle œuure grand antique, formee à quatre carres, & en pointes de Piramide toute de grosses pierres de marbre, pl⁹ haute de beaucoup que les tours & murailles, la moitié de chalque costé d'icelle, le carre esgal, & presque douze pas à chacun. Il y a aussi fort entier sur le mont Cellio le temple de Faune, tant estimé des Romains, maintenant appellé sancto Stephano Rotondo, parce qu'il eft formé en rond, & fur le mitan autre rond, fans la muraille principalle de colonnes qui forment vn domou. Symplice premier le defdia à S. Eftiéne protomartir. Hors de ville en la voye Oftientio deux milles les trois fontaines forties au lieu mefme ou S. Paul euft la tefte tranchee, aux trois fauts qu'il fit, de differant gouft, bien ornees. Il y a tant d'auttes antiques dans Rome que nous auons veu, qu'ils feroient fafcheufes à les reciter, que ie laiffe pour briefueté: & d'vn mois que nous auons demeuré en la cité, fans le iour que nous allafmes à Tiuoly, & fort peu d'heures auons nous perdu à chercher pour les voir en la campagne & à la ville. Cóme auffi les Eglifes & ceremonies des feftes folemnelles, palais & iardins. Et bien que *Mirabilia Roma* ne marque que particulierement troisiours pour les plus notábles, tout ledit téps nous à fait befoin, ne le pouuant faire fans grand trauail & patience, veu qu'à toute minute on monte ou defcéd antiques en iardins, maifons, & vignes clofes de hautes murailles, pour faire la vifite dans fept ou huiét iours feulement, faudroit auoir tout Rome à cómandement pour ce tenir preft d'ouurir lors que vous venez: Marquez comme ce fera dans trois iours: mais c'eft pour donner courage & fubiect de commencer, car la curiofité vous fait acheuer. A l'entour de Rome enuiron deux ou trois milles, pluftoft moins, & des lieux vn mille feulemét y a vigne pallais baftides & arbres: mais apres toute la campagne

(notes marginales)
Simplice premier fut Pape l'ã 467.
les trois fótaines
Grand trauail à voir Rome & antique
Campagne de Rome &

descouuerte, & sans presque point d'arbres, & à diuers endroits ce voit & encor dans la ville les vestiges des sept Acqueducs de Rome en pierre de taille & brique. Dans la ville antique vaste & vuide, force iardins, vignes & pallais de plaisance, infinité de fontaines : car il y a bien peu de iardins voire de bonnes maisons qu'ils n'ayent la sienne, & encor en toutes places, & s'y on y vent l'eau aux portes des Eglises, & autres lieux sterilles, & passages pour la visite des quatre Eglises. Ceste abondance venue, ou s'il faut dire restablie par le Pape Sixto 5. qui a plus fait des reparations & & embelly la cité qu'entre tous les autres, & expressement l'Acqueduc qui conduit cest eau du costé & à gauche de Marme sur le grand chemin de Naples, & s'y passe pres, & d'autres vieux. La source ce prend d'enuiron 15. milles, ainsi qu'elle se voit merueilleusement à la fontaine de Moyse, ou il est releué en marbre la verge en la main, le peuple aux deux costez, & y sort d'eau en trois endroits qui fairoient chacun moudre vn moulin, sortant à grant violence à estrada Pia. Nous arriuasmes à Rome le 27. de May, prismes chambre loccante à l'Eiguiere, pres du pont S. Ange, à l'estrada Iullia, vismes la feste Dieu, en partismes pour Naples, le Samedy auec le porcaiche affin d'y voir l'octa

sans arbres, & force antiques.
Aqueducs

Abõdance d'eau par l'Acqueduc du Pape Sixto.

Fõtaine de Moyse à estrada Pia, Arriuee à Rome par l'Auth. & son logis.

Partement pour Naples, auec le pourcaiche qui demeure à Pasquine, estatue qui est releuee en marbre sans bras sur vn canton : cestoit vn tailleur Romain cantans fables selon le vulgaire, mais la plus asseuree opinion que c'est de Mars ou Hercule monstrant auoir vaincu par vn trophee qui a dessous.

ue retournafme par mer le 20. de Iuing,& arre-
ftames à Rome iufques au 20.de Iuillet, qu'eft
refte iuftement trante iours aux deux fois, ainfi que
Dieu. i'ay pour tefmoignage de cecy, apres ayant encor veu audit Rome les feftes S.Iean & S.Pierre.
Ie diray par rang les chofes notables que nous
auons veu aufdites trois feftes. Premier la fefte
Dieu,au matin le S.Pere fortit en proceffion de
l'Eglife S.Pierre en grand triomphe, portant le
Corpus Domini à pied tefte nue : les Cardinaux
en ordre deuāt luy de trois en trois, mitrez d'v-
ne mitre de damas blanc,& deuant eux les Euefques,ceux de la maifon du Pape & les Peniten-
tiaux.Auprés de fa Sainéteté, les Ambaffadeurs
de l'Empire, de France, de Venife, des Suiffes
deuant, & de chafque cofté la caualerie legere,
auec fes cazacques couuertes de clinquant à
cheual,armez auec la lance à la main. La proceffion va feulemét dans le bourg S.Pierre,& iufques à vne place & Eglife Sanéto Giacomo ef-
coffa caualli,c'eft à dire S.Iaques creue cheuaux
parce qu'en ce mefme lieu faifant Sainéte He-
lene mere de Conftantin porter la pierre fur laquelle noftre Seigneur fut circōcis, les cheuaux
creuerent, & de la la pierre ne ce peut ofter, &
eft dans ladite Eglife que le S. Pere fit chapelle.
Le chafteau S. Ange canonna fort. Il y auoit
enuiron cinquante Cardinaux, & vingt fix ou
trante Euefques & Archeuefques,tous reueftus
en leur habit pontifical.La veille S.Iean fa fain-
éteté alla en Caualcade, prefque tous les Cardinaux, Euefques & Seigneurs Romains en Cour,

Alla fouper à Montecauallo, ou il y auoit enuiron mil cinq cens carroces, & fept ou huiĉ cés
gentils-hommes en houffe , chofe belle à voir,
& qui ne doit eftre eftonnement, veu que dans
Rome, & mefmes pour l'an s. y a plus de trois
milles carroces. Lendemain bien matin iour S.
Iean dit en ladire l'Eglife fa Meffe baffe, & encore aprᵉs affifta a la grande qui s'y dit folem-
nellement par le Cardinal Colonne. A l'iffue de
laquelle (comme l'ordinaire) apres auoir donné
la benediĉion, de fon haut fiege on le porta en
vne chaire par toure l'Eglife s. Iean de Latran,
donnant la benediĉion au peuple, paffa dans le
palais s. Iean ou il ce mit en litiere, & s'en retour
na à Montecauallo en femblable triomphe, ou
il fut iufques au lendemain matin qu'il alla difner à s. Pierre, & premier dit Meffe à s. Marie
maiour. Le chafteau s. Ange cannona. Le iour,
& fefté s. Pierre au 29. de Iuin, pour eftre la fefte principale de Rome, le s. Pere à la veille fut à
vefpres en grand triomphe, qui furent dittes
au Domou. Les Cardinaux Euefques Penitēn-
tiaux & ceux de fa maifon tous en ordre, auec les
Suiffes, accompagné des Ambaffades. L'eglife
fort paree. Et fortde la porte de l'Eglife, s'entéd
fans rentrer incontinét au pallais, porté fur vne
chaire de velours rouge, fouftenue par fix hom
mes qui la regiffent fur l'efpaulle, ayant robe lō
gue de raze violette, & deux autres vn de chafque cofté qui donnent du vent, auec vn grand
pennache de plumes de paon blanches. Il y eut
fouueraine mufique, & à la porte force trom-

Veille S.
Iean.

Iour S.
Iean.

Veille S.
Pierre.

*Braua-
de du
chasteau
S. Ange
& Suif-
ses*

pettes & clairons. ſur le iour failly & entrée de
la nuict, vous y auez trois cens Suiſſes ou pi-
quiers ou arquebuſiers ordinaires gardes du Pa
pe, qui partent du pallais d'iceluy, & apres l'a-
uoir ſalué de canonnades & arquebuſades & autres artifices à feu, viennent droit & contre le
chaſteau S. Ange ou ce deffient & s'entreſaluér
des ſalues & arquebuſades, auec des ſoldats en
parade dudit chaſteau, rangez tout le long d'v-
ne courtine, leur enſeigne deſployee, tambour
battant & fiffre tout de meſme que que les
Suiſſes. Et s'en eſtant retournez leſdits Suiſſes
en ordre au logis de ſa Saincteté, ils font encor
iouer les canons & arquebuſades, & autres ref-
iouiſſances, ou le chaſteau S. Ange reſpond de
meſme canonades & maints artifices à feu, comme roués, eſtoilles & feu artificiellement poſe
ſur chaſque pointe, roulant induſtrieuſement,
& tout le chaſteau en feu, auec d'autres admirables artifices qui feroiét prolixes à reciter, pour
s'y eſtre trauaillé plus d'vn mois, ce que encor
nous auons veu, & nous fut dit dans ledit chaſteau, ou nous entraſmes par la faueur d'vn Seignor Hyeronimo Milannois, qui auoit faict la
guerre en ce pays qui eſtoit en garde. Lende-

*Iour S.
Pierre,*

main iour S. Pierre à l'aube du iour le chaſteau
ſalua, & cellebra encor ce iour auec canonades: ſa Saincteté dit luy meſme la grand Meſſe à
l'Egliſe S. Pierre au grand tabernacle, qui eſt à
plomb & au mitan du nouueau Domou, ou il
arriua encor en grand triomphe ſur la chaire,
auec les ſix Penitentiaux, ceux de ſa maiſon, robe

be d'eſcarlatte, portant en mains aucuns, ſçauoir deux triples coronnes, & autres mitres &
couppes riches en pierreries qu'on tient ſur l'au
tel qui eſt paré des douze Apoſtres & Euangeliſtes d'argent,& autres ſuperbes paremens, les
Eueſques mitrez comme à la feſte Dieu, les Cardinaux de meſme,leur Cour apres & les Ambaſ
ſades,ou eſtoient celuy de l'Empire, de France,
de Veniſe & Sauoye. Le S. Pere portant ce iour
la les trois regnes ou triples corónes ainſi nommez, le monde au deſſus & vne croix au bout
les plus riches que ce peuuent voir,& à nul autre iour ne les porte.Entrant par la porte ſainte
fait oraiſon au deuant du S. Sacrement, ou l'on
le deſcend de la chaire,& s'achemine au grand
tabernacle du Domou : ou outre ſon ſiege principal & triomphal, y a vne chaire paree pres de
l'autel à main droitte, ou apres auoir fait ſon o-
raiſon au deuant du tabernacle,il s'aſſied & y eſt
pour vne eſpace de temps, & durant ce chante
quelques pſeaumes & hymnes,& la meſme tous
les Cardinaux luy viennent rendre hommage &
obeiſſance, & baiſer les mains ſelon l'ordinaire,
& change de mitre, & reueſtu de ſa chaſuble &
autres choſes requiſes pour dire la Meſſe,apres
auoir dit *Introibo*,s'en va rédre à ſon grand throſ-
ne & grand ſiege,ou à coſté droit y ſont les Am-
baſſades ia dittes,&dudit ſiege n'en bouge iuſques à la conſecration & eſleuation du S. Sacrement,& demeure lors iuſques à la fin de la Meſſe, & à l'iſſue il fait meſme oraiſon qu'à l'aller.
Sortât par la grand porte principale,ſur le ſueil,

S

il trouue l'Embassadeur d'Espagne en triomphe, qui d'vne main luy presente la hacquenee blanche laquelle se met à genoux deuant sa Saincteté, & de la main droitte la bource de velours cramoysi, pour ceremonies des quatre vingts mille escus, hommage que le Roy d'Espagne faict tous les ans ès iours S. Pierre pour le Royaume de Naples, la receuant sans deroger ny preiudicier à son droit ny de France : Ladite hacquenee ornee d'vn harnois d'or d'argent & soye incarnatin, sellee caparassonee, bridee, & sur le siege de la selle les armes du Pape. C'est auec grand magnificence que ledit Ambassade s'achemine à S. Pierre, auec autant de braueté & d'arrogance, en allant rendre hommage, comme s'il alloit triompher de quelque grand victoire, (naturel d'Espagne.) Partant de son palais accompagné de maints seigneurs Espagnols, Italiens en housse, cauallerie legere du S. Pere, & passant deuāt le chasteau S. Ange il est salué de canonnades & arquebusades, & entre premier à la porte du palais, & se vient rēdre au couuert & deuant la porte principale S. Pierre

Don de la hacquenee blanche au Pape par l'ābassade d'Espagne. Le catalogue des princes que auōs apporte dit que le premier Roy d'Espagne fut Tubal 5. fils de Iaphet, fils de Noé, & qu'il regna l'an du mōde 2173. en nōbre de 24. Roys auāt l'aduenemēt de Ies⁹ & 86. iusques à Philippes 3. le 1. d'iceux qui fut Chrestiē Alphōse dit le Catholiq. l'ā 734. mais ne dit pas q̃ la race qui le possede au iourd'huy soiēt de l'encienne tige des Roys mais

bien n'aguieres deffendus d'vne maison Romaigne portant le nom d'Autriche, pour estre les predecesseurs d'icelle venus du pays dont ils portent le mom & acquerent droict de Patrices à Rome.

re. Et retourné fa faincteté dans le palais, le chafteau S. Ange canonna , & le foir à mefme heure
qu'a la veille les Suiffes firent autre femblable
brauade, & les foldats & chafteau de mefme, en
telle façon que le gros arbre ou au bout eftoiêt
les armes du Pape & fon eftendart fe brufla, &
les armes tomberent par deffus le toict du chafteau, car ils eftoient de bronze furdoré. Bref feroit importun à reciter fur deux foirs veille &
fefte. Vous voyez le Palais S. Pierre & toute Rome en feu : car Cardinaux, Euefques & Seigneurs
Romains, Gentils-hommes & Ambaffades font
feu deuant leur porte dans des bouttes à la rue,
aux feneftres & gallerie vne infinité de Lumie-
res & fuzades. Tout le iour S. Pierre deuant la
grand porte de l'Eglife aduancé au commencement du couuert, ou fur le mitan eft formé vn
pottail, au deffus duquel y a vne eftatue reprefentant S. Pierre, qui demeure reueftue en habit
de pontife, & fur fa tefte les triples coronnes. Le
chafteau S. Ange eftoit enciennement la fepulture d'Adrian Empereur, tout d'vne maffe de
baftiment fans eftre bien creufé : mais les Papes
l'ont ainfi reduict comme il eft : car outre l'en-
cien baftiment il eft baftionné & reueftu de brique, & foffé à l'entour horfmis du cofté de Rome & pont S. Ange, ou il y a vne groffe tour rô-
de à droit du pont, ce ioignant à iceluy le Tybre
au deffous qui fert de foffé, & au deux autres
pointes de cefte face baftions reueftus de murailles. Audit chafteau eft les trefors de l'Eglife,
& les canons en cas de furprinfe ou neceffité. Le

Mefme
brauade
des Suif-
fes &
chateau
S. Ange.

Refiouif-
fance &
feux dãs
Rome le
foir S.
Pierre.

chateau
S. Ange.
Adrian
Emp.
regna.
l'ã 119.

Dispute aux pre-
seance des Am-
baffades , mais
fans droit, vou-
lãt preceder ce-
luy d'Espagne ce
luy de France,
pour auoir esté
barbares & Ido-
lastres pl° de 300
ans apres que
toute la France
fut Chrestienne.
qui les a faict
baptiser, & re-
mis plusieurs
fois les saincts
Peres en leur sie
ges.
Cour des Cardi-
naux,
Les six Cardi-
naux qui vont
en Caualcade,
de Farnese frere
du Duc de Pal-
me, Mõtaldo ne-
ueu du Pape Six
to 5. & Chan-
celier de Rome.
Dest fils du der-
nier Duc de Fer.

S. Pere ce peut sauuer de son palais bien qu'il en soit distant pour le moins neuf cens ou mille pas, mais depuis icelluy iusques audit chasteau trauersant le bourg y a vne grand & espece muraille deffensable au mitã du plus haut, & entre deux murailles, passage qui entre & au pallais & au chasteau. Vous notterez que l'Embassadeur d'Espagne ne ce trouue iamais aux honneurs publics, pour ne ceder à celuy de France: toutesfois nous les auõs veuz à l'audience ou il cede, & de mesme celuy de Forence auec Sauoye qui precede. La superbité & Cour des Cardinaux incroyable, il y en a six qui vont en Caualcade les iours du consistoire, & lors qu'ils passent deuant le chasteau S. Ange tirent canõnades, & durant le tẽps qu'ils doiuent passer tient l'estandart desployé & les soldats en parade, & les Suisses de la garde du Pape de mesme, tambour batant auec le fiffre deuant la porte du palais, ou les Cardinaux & leur trouppe entrent à cheual iusques à la secõde & basse cour. Les six sont les Cardinaux Farnese, Montaldo, Dest, Chiesis, Colonne, Esforce, que vous voyez marcher sur vne mule en housse, leur chapeau sur la teste, & deuãt eux sur vne autre mulle l'vn de ses estafiers qui tient vne masse d'argent en sa main, & apres les Cardinaux, des Euesques & Gentils-hommes bien mon-

tez en houſſe. Les vns en ont deux cens
cheuaux, cent cinquante & cent de ſuitre, les autres Cardinaux vont en carroce,
auec eux à leur cour beaucoup d'autres.
Mais la Caualcade eſt de plus grãd couſt,
& faut auoir les cent mille eſcus de rante
& de grands amys. Il y auoit vn Cardinal
Eſpagnol qui alloit en Caualcade, & c'eſt
trouué des mieux accompagnez pour ſõ
argent: mais à faict bãqueroute, & ce tiẽt
hors de Rome dans vne maiſon ou palais
du Cardinal Colõne. Entre pluſieurs maiſons illuſtres & antiques de Rome ſont
les deux principales en hõneur rante &
rang, les caſes Orſino & Colonnes par-
tiſannes: Orſino tient le party de France,
& l'Embaſſade logee à ſa maiſon de campi di Fiori, baſtie ſur le theaſtre de Pompee, & Colonne eſt du party d'Eſpagne.
Il y euſt du temps du Pape Sixte 5. diſ-
pute de la preſceance, lequel en les ap-
pointant fit bien ſes affaires, ou des ſien-
nes: car il ordonna que le plus vieux pre-
cederoit, & fut Orſino : & neantmoins
dõna à chacum d'eux vne ſience niepce.
Les deux plus beaux particuliers palais,
qui ſont aupres dudit campi di Fiori, eſt
les palais Farneſe, & Capiferme, beaux,
ſuperbes, auec pluſieurs antiques & perſonnages de marbre, de bronze. Il y a enuiron ſept ou huict mille Iuifs dans Rome leur demeure à part, & ſont tenus à

---

rtre & frere du Duc de Modene

Comment võt les Cardinaux au cenſiſtoire.

Les deux prin-cipales maiſons de RomeOrſino, & Colonne, Or-ſino ſoy diſant eſtre deſcẽdus de l'Empereur Gor dian qui regna l'ã de Ieſus 241

Sixte 5. de la Marque, regna 1585. iuſques 1590. & fit chã celier de Rome le Cardinal Mõ talde ſon Nep-ueu, la maiſon de Chancellerie eſt proche de cã pi di fiori, vers S. Pierre.

Hebreux à Ro-me.

peine d'amande d'aller ouyr tous les Samedis à l'Eglife de la Minerue, feruie de religieux de l'or S. Dominicque la predication, pour s'inftruire à la foy Chreftienne. Les Sainéts Peres, mefmes

pape Clement 8. font beaucoup de biens aux pauures & aux fiens : car il marie tous les ans deux cens pauures filles, & leur donne cent ef cus à chacune. Il a dõné dit-on cinq cens milles efcus à fa Niepce, mariee au Duc de Palme, & pouuoit audit Duc de nommer cinq Cardinaux, que fa faincteté facreroit, font de beaux baftimens tous les iours, à l'honneur de Dieu & des Sainéts, & efpargne de threfors pour en cas de befoin deffendre la foy Catholique, Apoftolique & Romaine que Dieu maintienne, & fournif-fent argent ordinairement pour faire la guerre au Turc. Il a ordinairement à fa table autant de pelerins comme il y a d'ans qu'il regne. Nous y auons efté y ayant eu particuliere careffe pour eftre François : car on nottera qu'ils prennent de chafque nation, & fufmes deux François, deux Efpagnols, deux Allemans, deux Grecs, & vn Sicillien, fa Sainéteté donna elle mefme de l'eau aux mains, remplit pour vne fois les verres de vin, dit le Benedicité, les Graces, & autres bel l:s & humbles ceremonies, à la verité louables au bruit qu'en font meffieurs de la religion pre-

tendue. Le Tybre à innondé quarante huiét ou cinquante fois depuis Romulus & Remus, mais en façon qu'il fembloit qu'il deuft empor-ter Rome, les aucunesfois paffant deux pans fur les portes des maifons, & au pontificat de Gre-

goire 2.l'innondation dura fept iours, qu'on alloit par barques aux rues, & d'autre qui eftoit
comme deluge par la pluye ordinaire & grand
defbord des eaux. Le Tybre fort aux Alpes, vn
peu plus haut que Arno la riuiere de Florence, *D'ou*
partant la Tofcane d'auec les Vmbres qu'eft la *fort &*
Duché d'Vrbin, & y tombe quarante deux ri- *combien*
uieres,coulant cinquäte lieues iufques a la mer, *va &*
ou il arriue, & entre en vne feule bouche capa *cour le*
ble à tout grand nauire voyfin à Hoftia, il va *Tybre.*
fort,ferré,& ne fe fepare en branches, n'y ayant
prefque point d'ifles. Il fouloit paffer le long du *Paffage*
Campidolio,iufques au palais maiour,ou furent *antique*
trouuez Romulus & Remus, au lieu ou eft l'E- *du Tybre*
glife S. Theodore : Tarquin Prifco le fit dreffer, *& le*
Auguste Cefar fit eflargir le paffage, afin qu'il *change-*
ne fit lac dans Rome: mais en fin empirant & *ment d'i*
defbordant plus fort, Marc Agripa eftant Edile *celuy.*
le changea & rendit fon cours plus lent, par les
tours qu'il fait au lieu ou il eft maintenant. Et
apres pape Vrbain le borna de chafque cofté,
par vne muraille de brique qu'il y fit faire iufques à la mer,& fi en voyent encor des veftiges.
Nous y auons efté en barque à la voille depuis *Richef-*
la mer iufques à Rome en venant de Naples. Les *fes in-*
antiques baftimens des Romains dedans & de- *croya-*
hors la ville, tefmoignent eftre vray les richef- *bles des*
fes qu'on dit qu'ils auoient, n'eftant lors eftimé *anciens*
riche celuy qui ne pouuoit à fes propres defpés *romains*
entretenir & payer l'armee Romaine vn an,def-
quels Lucullus fut le premier renommé en baftimens,iardins,vignes & autres vanitez au ter-

Della le fleuue
Garillane iuf-
ques à Naples
Poffoullo, Baye,
Cume, & autres
voifines citez &
encor Capoue eft
campagne felice
ou Lucullus à-
uoit maifons de
plaifances mef-
mes au terroir
de Baye.
Grand nombre
du peuple anti-
que de Rome.
Nombre des ar-
mees nauales &
terre des anciés
Remains.

roir de Rome & en campagne felice , &
toutesfois il y en auoit vingt milles prefque de pareille richeffe, chofe qui femble incroyable : Il eft vray que c'eftoit la
cité ou tous les trefors du monde eftoiét
apportez , & chafque maifon illuftre a-
uoit triomphé, & eu les depouilles de
quelque prouince, ainfi que les hiftoires
nous tefmoignent, defquelles & le *Mira-
rabilia Roma* i'apréd, qu'apres la mort des
trois cens Fabiis furét trouuez cent cen-
teines de milliers feptante mille & trois
cens dix-huict perfonnes. Regnant Au-
gufte furent nombrez cent trante cen-
teniers de milliers & mille trante fept.
Et par Tybere vn million fix cens mille
deux cens nonante vne.En fes armees du
temps des Empereurs il s'eft trouué deux
cens mille hommes de pied, quaráte mil
cheuaux,trois cés Elephans, 2000. carres
& de plus trois cens mille armes,aux ar-
meesde mer, 2000.nefs , mille cinq cens
galeres, depuis deux tágs iufques à cinq:
A la guerre contre Hannibal ils mirent
en ordre vn million de cóbatans,& Han
nibal au contraire huictante mille foldats , dix mille cheuaux, & grand multitude de Gaullois, Efpagnols & Geneuois,
& encor cótre le mefme Annibal à la iour
nee de Cannes, fous les Confuls Terérius
Varron & Emillius huict cens huictante
mille cóbattans:Marius contre les Cimbres

Armee de Ma-
rius qui defit les
Cimbres pres de
l'Arc.

bres eut cinquante milles hommes de pied, &
trois cens mille millices. Pompee contre les pi-
rates euſt cinq cés nefs, cent vingt mille ſoldats,
& cinq mille cheuaux. Le meſme Pompee contre Iullius Ceſar euſt quarante mille hommes
de pied, douze mille cheuaux, eſtát ſecouru outre des Orientaux, Conſuls Senateurs, Preteurs
& autres de ſa lignee: Et Ceſar au contraire euſt
huictante mille hommes de pied, & mille cheuaux d'Europe. Ie ne diray plus rien de Rome,
m'en remettant à ce qu'en dit le poëte : Rome
eſt de tout le monde vn public eſchaffaut, vne
Sene, vn Theaſtre auquel rien ne deffaut. Il y a
deſia regné iuſques à ſa ſaincteté du iourd'huy
deux cens trante cinq papes.

TIVOLY, Cité Eueſché, ou y a Gouuerneur pour ſa Saincteté, qu'eſt maintenant
le Cardinal Chieſis Romain, la ville eſlongnee
de Rome cinq lieues, ſituee entre & au pied des
collines & monts, y paſſant la riuiere ditte enciennement Anienis fluuius, ou on eſcrit que
Amulius Roy d'Albane de Latio & de Rome fit
ietter Rea Siluia fille de ſon frere Numitore
qu'il auoit chaſſé du Royaume, auiourd'huy ladite riuiere ditte Teueronne, s'entend le petit
Tybre, qui eſt l'vne & des principales quarante
deux riuieres qui ce deſchargent au grand Tybre. La cité muraillee à l'entique d'aſſez grand
circuit, vaſte & vuide, qui n'eſt pas ſeulement
bien deffenſable à la main, le baſtiment confus,
toutesfois cité fort ancienne. Qui va à Rome

T

doit aller à Tiuoly , disoit-on lors que le Cardinal de Ferrare viuoit,pour les grands raretez &
lieux delicieux que iceluy Cardinal y auoit fait
eriger si singulieres qu'en l'Europe n'y en auoit
de plus belles:ses vestiges & leur reste le tesmoi-
gnent,bien qu'ils ne soient à leur splendeur.Il y
est encor les orgues & autres fontaines & lieux
de delice que le CardinalChiesis à commencé de
faire rabiller. Le Domou antique , assez grand à
la place de l'Horme & bas de ville. Au cartier
ou bien comme disent les Italiens, Nel Rione de
castro vetere,est la maison ou habitation cauerne
ou grotte de la Sage Sybille Triburtina dontVir
gile fait particuliere métion,presque toute ruynee & comblee,& s'y entre par des iardins proche aux precipices de Teueronne , qui passe de
ce costé la: Ce n'est point fables de ces Sybilles,
car asseurement il y en a eu dix qui ont toutes
prophetizé l'aduenement de Iesus Christ , bien
que Payens,ayant sa maiesté diuine par personnages saincts & 'prophanes publié & verifié la
venue de nostre redemption. Elles viuoient en
pureté & virginité.Il y a audit Tyuoly plusieurs
autres antiques&iardins de plaisance:&dehors
la ville vn mil à droit &peu eslongné du chemin
de Rome la ville d'Apian Empereur, vestiges de
belle antique:les Italiens nomment ville ce que
nous appellons bastide ou maison de plaisance
en campagne,&pource s'en aduisera le Lecteur
expressement sur Poussoullo.Sur le seiour de Ro
me , nous prismes pour vn iour cheuaux allasmes & retournasmes de Tiuoly , & parce que le

grotte
Tiburti-
na.
Les dix
Sibiles
ont ves
cu auāt
& apres
Iesus les
escrits
desquels
la plus-
part Iu-
liē l'Ap.
fit brus
ler auec
plusieur
autres
S.escritz
& regna
Iuliē l'ā
364.ius
que à Io
uinia
366.

vulgaire dit que l'arc Sancto victo qu'est proprement de Galien à esté fait pour y tenir & at-
tacher les clefs dudit Tiuoly, nous fusmes le
voir incontinent au retour, & c'est erreur, ains
arc ou trophee dudit Galien.

Ainsi que nous auons dit, nous partismes de
Rome le Samedy apres la feste Dieu auec le porcaiche affin de voir l'octaue, payasmes pour chacun sept escus trante sols, & nous bailla cheuaux qu'il nourrissoit & noz despensa à table
d'hoste iusques à Naples, il va & reuient ordinairement, y ayant quelquesfois cent cinquante cheuaux, cent ou quatre vingts, c'est à dessain
pour ce garder des voleurs. Or donc auec iceluy
passant aux citez & villages cy dessous. Premier
à Marino douze milles de Rome de case Colonne.

Couchasmes la premiere iournee à Vellitre
cité Euesché de la Romaigne à vingt mill s dudit Rome, au pied des monts muraillé.

La seconde iournee couchasmes à Piperno,
qui est l'Euesché de Terrachine, encor à la Romaigne sur vn mont, passames à Sermonette, ou
y a vn Duc de case Noue, ou y a de belles sour-
ces d'eau qui ce forment en riuieres & y vont
en barque iusques au Terrachine.

La troisiesme iournee couchasmes à Fonny,
cité, Euesché à la plaine proche des monts, mu-
railes antiques, du Roiaume de Naple, disnames
au Terrachine, cité Euesché antique en riue de
mer, sur vn mór de la Romaigne, y ayát des logis
à la riue. Amolle village aussi en riue de mer, au

L'arc ou
Trophee
de Galiē
qui reg.
l'ā 257.

Chemin
de Napl.
villes &
villages
du passa-
ge.

Cōbien
ce paye
de Rome
à Naple
au por-
caiche.
Vellitre.

Piperno
Terachi-
me.

Fonny
& Ter-
rachime
fleuue
Garilla-
ne

T 2

fleuue Garillane fur barque, ou aupres y a vn Acqueduc, & des arrenes antiques, & du cofté des montaignes Traiette, & c'eft entre ronny & Sueffe que nous auons paffe aufdits lieux.

La quatriefme iournee couchafmes à Sueffe, cité Enefché, fort abondante en tous fruicts, fur vn petit mont, & pour y aborder ce paffe vn pont fort long trauerfant vn vallon, & pres de la vne fontaine, & de ce chemin à gauche eft vne des fept Eglifes du regne qu'vn Roy de Naple fit faire. Droit à droit de la porte qu'on entre tout le long droit du palais du Duc qui eft Efpagnol & Ambaffade du Roy d'Efpagne à Rome. Vous y auez vn grand portail antique, ou au deffus du chapiteau on y a erigé vn Trohee d'armes du grád Capitan frere dudit Duc de cafe Gonfalue. Le domou fort antique paué de marbre, façonné à la Mofaicque, & à droitte vous y auez le pulpitre tout marbre fait à la Mofaicque, fouftenu par fix colonnes qui ce regiffent fur fix Liós, ce tenás à quatre pieds. Le chafteau à gauche, au deffus du portail efleué fort antiqúe, & au dehors dudit chafteau & portail vne place auec force arbres. Les Cordeliers demeurent à l'Eglife S. Iean qui eft à gauche de la grand rue. Il y a trois conuens de Nonnains & autres Eglifes, & des plus notables, la Nonciade qui eft

Sueffe.

L'vne des fept Eglifes, de Naples qu'vn Roy Comte de Prouence fit faire & ou auons veu les armes de ce pays.

Trophee du grand Capitan Gonzalue, tel tenu & nommé par les Efpagnols

Domou.

Chafteau de Sueffe.

à la fusdite place, ou à gauche en images taillees & figures y est le mystere de la natiuité nostre Seigneur, le subiect qu'on a marqué si particulierement ce lieu, est à l'occasion de Reuerend Padre Pôpee de ladite cité qui est Euesque en ce pays en la ville d'Apt, & y fusmes voir ses parés.

Pour-quoy on a particularizé Suesse.

La Cinquiesme & derniere iournee deSuesse à Naples, & passames aux citez suyuantes, ayant encor voulu notter comme dudit Suesse iusques à la tour de Francolly, qui est esloignee de ladite cité huict milles, ce passe par le grand chemin qui a esté taillé de nouueau, soit en roches & collinettes de terre fort beau espacieux, & à 8. ponts grands faits pour la commodité des chemins, trauersans valons, & della Francoli vn autre pont.

Chemin taillé eutre môts de Naples.

CAPOVE, Cité Archeuesché, bastionné & reuestu de murailles, situee à la plaine contre vne riuiere qui l'enseint d'vn costé, laquelle il vous faut passer par vn pont à cinq grands arcades, au commencement duquel la porte de la ville est, & dudit pont ce voit à droitte entrant vn fort à quatre bastiôs, separé de la ville à gauche vo' voyez la maisô de l'Archeuesché. A vne place ou on passe trauersant la ville vne fontaine à vn bassin du mitan, duquel & sur vn pilier y raie de l'eau par sept testes de Dragons, & dâs le bassin quatre petits piliers qui en reiallissent par testes de Lyons. A droitte est le pallais de la Iustice, ou y a vne basse cour, & au mitan vne fontaine à vne Nereide cheuauchant vn Dau-

Capoa encienne, nement Republique puis principaulté & maintenant des Roys de Naples.

fôtaines

phin, iettant eau par les tetins, & le Dauphin par la bouche:& pres de la le Domou. Nous no⁹ ſeparaſmes du porcaiche, & paſſames au bourg S.Marie, eſloigne dudit Capoue deux milles, ſituee en plaine, & au lieu meſme que eſtoit Capoa la vieille qu'ils appellent, fort antique, ou vous voyez beaucoup de belles antïquitez, & en allant à ces champs vous trouuez premier vn grand & antique portail, & à gauche diſtant quelque peu de la vn colliſee ou arenes, fort beau,& des plus grands, & plus auant & beaucoup diſtant quelque veſtige du temple de Diame, & du coſté d'Orient les veſtiges d'vn Acqueduc.

En voulant aborder au bourg ſaincte Marie de long du grand chemin, vous y auez vne caue appellee des Italiés grotte, à trois grāds cours, & à deux entrees, & maintes autres antiquitez,& dudit bourg retournaſmes ſur le grād chemin.

Verſoa, cité Eueſché à huict milles de Naples

à la plaine, muraillé,& on la trauerſe, à quatre milles ce paſſe vn village fort petit.

I'ay voulu particulierement parler de ce chemin,pour eſtre celuy du porcaiche,l'ayant meſlé auec les choſes rares.

APLES, ville & chef du Royaume, cité Eueſché,baſtionné &terre plain à des endroits reueſtu, & à d'autres murailles &tours rondes de pierre de taille,cōme brune, ſituee en plaine, & encor ſur.

le pied & entre des collines cultiuables
& au plus haut plaines de beaux palais,
en riue & port de mer, appartenât à noz
Roys, indeuemēt occupé & rauy de leurs
mains par le Roy d'Eſpagne, lequel y a
vice-Roy nommé Dom Ferrand de Caſte.
Entrant du coſté de Rome & par la porte Capouane, y eſt & ce paſſe par le bourg
S. Anthoine, & ayant paſſé la porte y a du
vuide, & le palais de la Viguerie de Naples qu'ils nomment fort grand ou ſont
les priſons & la iuſtice. Vous y auez trois
fortereſſes les deux en terre ferme, vn deſ
quels & le plus fort qu'eſt le chaſteau S.
Helme, & hors de ville ſur vn mont qui
la domine, formé en maintes pointes, ou
y en a vne tournant à la ville, naturellement roche, au deſſous le conuent & E-
gliſe des Chartreux appellé S. Martin, &
l'autre fort nommé forte noue, eſt à la teſte de la place de Lourme, laquelle ce tiennent les Banquiers, tout contre le port
en forme carree flanqué de deux tourra-
ches & de deux eſperons formez en poin
tes tout reueſtu de pierre de taille & foſſé tout à l'entour, ou y a iardinage qui
prent eau d'vne fontaine qui eſt à droict
du canton qui viſe à la tour du coſté du
corps de ville, & ſur vne barriere qui y eſt
du foſſé, y a donjon qui a vne face à trois
tours qui tourne vers le chaſteau S. Helme, entre deux deſquelles y à forme de

3. Roy d'Eſpa-
gne, & entre leū
2. & le Roy Re-
né. Pape Euge-
nio 4. māda pour
legat audit Na-
ples le Patriar-
che d'Alexādrie
mais ce fut pour
peu, car Iean re-
gna 1434. & le
Roy René 1438.
coronné.
Porte Capouane
& bourg S. An-
thoine.
Les trois forte-
reſſes de Naples.

galerie & ornement de marbre. Et pres de la le
palais du vice-Roy de Naples & son iardinage,
& tout au dessous en riue de mer l'arcenal. Et
apres separé & islé l'autre troisiesme fort appellé le chasteau de Louc, sur vn roc ou commence
le port. Il y a vn passage ou moulle qui va dudit
fort à Naples, & du costé de ville pont leuis sur

Bourg
de Chia-
ie.
le passage la mer dessous, & de mesme contre le
fort, & de ce costé cómence le bourg de Chiaye
qui va iusques à la grotte de Virgile par riue de

Bourg
S.Marie
d'Acret-
te.
mer. Il y a encor deux autres bourgs, l'vn qui est
à l'autre bout du port nommé Se Marie d'A-
crette, & l'autre bourg de la Viergine, & de la Ma
dona de Cóstantinopoli, portant ces deux nôs,

Bourg
de la Vi-
ergine.
qui est sur le plus haut de la ville de cest endroit
& sous le chasteau S. Helme. Au deuant du pallais du Vice-Roy y a vn grand vuide, & à l'entour d'iceluy quatre Eglises, l'vne S. Esprit, S.

Pallais
du Vice-
Roy.
Fráçois de Padoüe: la Croix & la Trinité qui regarde dans l'arcenal. Le moulle principal du
port ou ce tiennent les galeres, commence au
pied & canton dudit Castel-noue, fait en potence, & sur le canton de la forme d'icelle, la lan-

Moulle
princi-
pal du
port.
terne, au deuant de laquelle y a vne fontaine au
mitan d'vn grand bassin, vn pilier qui regit vn
autre, & vn canon d'ou sort force eau, à l'entour
du grand bassin & sur le bout quatre estatues de
vieillards, chacun d'iceux cheuauchant vn gros
canon de marbre, & entre iceux quatre petits
Dauphins iettans eau par les nazeaux. Le port
n'est guieres asseuré ny bon, & ceste annee s'y
perdit cinq nefs. Nous vismes la magnificence
de l'oct

de l'octaue procession & gentils-hômes en hou-
se & Dames en carrosse: logeasmes à Lourse pres
la Charité, tenu par vn Lorrain , lors y legeoit
monsieur le baron de Biron frere de monsieur
le Mareschal, la ville fort grande & bien peuplee, force grands Seigneurs. Le Domou non Le Domou.
trop beau ny tant orné côme d'autres d'Italie
de moindre lieu que Naples, beaucoup d'autres
belles Eglises. Vismes entrer en garde les Espagnols des gardes du vice-Roy , à la verité bra-
ues, couuers de clinquât soye armes dorees. No⁹
y auons demeuré neuf iours, comprins le iour
que nous allasmes voir les antiques de Possoulo, dans lequel temps auons bien visité la ville,
y a d'assez beaux palais, force fôtaines,& la plus
part des logis ont la leur , & vous mangez aupres des fonts. Les rues raisonnables, non trop
grandes, pauees de bricque plustost estroites, Rues de
Naple.
horsmis les deux qui sont sur le plus haut de vil
le à la Charité, & qui fondent au pallais du Vi-
ceroy & Castelnouo. Ce n'est pas tout de voir
Naples,car qui ne voit les antiquitez de Possoulo, son terroir Baia, Cuma, Missene , & autres
lieux que particulierement ie nommeray cy a- discours
de chose
notable.
pres ne peut rien voir de rare & d'átique. Nous
y fusmes, & prismes cheuaux de Naples audit
Possoulo huict milles,& la encor louasmes pour
ce iour vne fragatine ou felluge pour nous me-
ner par tout par riue de mer : car autrement à
vn iour ne ce pourroit faire ny bien voir, & nous
deffendoient & remontoient ainsi qu'estoit de
besoin, & aux endroits ou les antiques, lacs fleu-
V

nes & autres chofes eſtoient : mais faut notter
que beaucoup y vont qui n'en voyent vn tiers
ſeulement, & c'eſt à faute d'auoir le liure que
nous portaſmes, & acheptaſmes à Naples auant
que d'y aller, & ſur iceluy ſuyuions leſdites antiques, autrement les hommes de Poſſoulo qui ce
louent pour cela, & vous les monſtrent en laiſ-
ſent la plus part pour acheuer pluſtoſt, & puis
ne vous ſçauent particulierement notter les
noms propres deſdites antiques, ſinon que les
corrompues du vulgaire, ledit liure imprimé à
Naples par permiſſion du Roy 1596. par Segnor
Scipione Mazella Neapolitain, grand & docte
perſonnage. Or donc c'eſt tout ce que s'enſuit
ſommairement.

OSSOVLO, enciennement &
de temps de Tarquin Superbe dite
Dſcæarchia, ſituée en la campagne felice, maintenant ditte de Lo-
doté, ſur la riue de la mer, toutesfois la plus par
du lieu ſur vn peu de roche, releué loing de Naples comme il eſt dit huict milles, lieu fort antique. Les edifficateurs furent les Samiens peuple
Grec. Il eſt encor eſtté Eueſché muraillé, &
precipice du coſté du large de la mer, gardé par
les Eſpagnos. Le Domou baſty ſur le temple de
Iupiter, ou s'y voit encor à la face & coſtez des
colonnes antiques de marbre blanc. Au pied de
ladite ville y eſt vn pont qui trauerſe vn petit
gouffre de mer d'vne lieue, les veſtiges s'en co-
gnoiſſent encor fort bien, & d'enuiron vn mil

d'entier en arcs seruant de port, & ainsi
nommé fait par les Grecs, & va iusques
à Tripergola pres de Baye, & s'y voit encores des pierres aduancees au bastimēt
pour y passer cordes. Les antiques suy-
uans au terroir de Possoulo, Baya, Cuma,
& Misene. Le mont Alibano pierreux &
sterille & sans arbres, qui fut fait aplany
si próprement & abaisser de sa hauteur
par l'Empereur Caligula, des bains tuy-
nez au pied d'iceluy des Acqueducs, vn
theastre tout desmoly, & s'en voit fort
peu de vestiges, au iardin de la dame Hye
ronime Colonna. Proche l'Eglise Sainct
Iacopo vn Amphiteastre dit du vulgaire
Colliseo fait de pierres carres en oualle,
la place du dedans ayant iustement 172.
pieds de long & 88. de large, que fut faict
par les anciés pour y celebrer leurs ieux,
à l'honneur de Vulcan. Proche dudit amphiteastre ce voit vn autre grand edifice
de conseruer d'eau sous terre, dit des paysans Laberinte, auec grand nombre de
chambrettes, ce passant de l'vne à l'autre
par certaines fenestres san lumiere, &
faut auoir vn flambeau & vne corde ou
fil attachee à l'entree, pour vous y rame-
ner, autrement à cause du grand nombre
de fenestres on si perdroit, il est faict de
brique. Eslongné de Possoulo peu moins
d'vn mil est la Solfatara (ainsi dicte du
vulgaire) mais enciennement Leucogey

l'honneur d'Au-
guste, ainsi qu'ap
pert à vne inscri
ption.
*Tripergola ruy-
né par les tram-
blemēs de terre.*
Mont Alibano

*Theastre ser-
uant à y repre-
senter especta-
cles & ieux, le
premier qui les
inuenta fut Mar
cus Saurus.*
Amphiteastre.

*Cōseruers d'eaux
ou Cisternes.*

*La Solfatara, ou
mont de Vulcan
ou ce fait le souf
fre, & ou les poe*

tes fei-
gnét a-
noir efté
faict le
combat
du geât
auec
Hercule

montes & forum Vulcani. Et c'eſt à cauſe que
la ſort naturellement le ſouffre, en fumee & flā-
mes ſemblant feu de fournaiſe, audit'lieu y a v-
ne petite plaine entourree de collines en forme
d'auualle plus longue que large. La ville ou ac-

Accade-
mie de
Ciceron

cademie de Ciceron au chemin qui va vers la
Nonciade, faicte à ce qu'on dit & eſcrit à la façon de celle d'Athenes, & monſtre auoir eſté ſuperbe & magnifique; il n'y en a qu'vne part en-
tiere, & le maiſtre à qui appartient s'en ſert à y
ſerrer des cheures. Le mont Gaure entre Poſ-

Mont
Gaure.

ſoulo & l'Auerhon, dit des payſans Monte-bar-
baro, & c'eſt ce mont dont parlent tant de grāds
perſonnages, ou eſtoiét les vignes qui portoiét
de ſi bon vin, à preſent toute ſterille & ſans arbres. Allāt par le vieil chemin de Poſſoulo à Na-

Lac A-
gnano.

ples, eſt le lac Agnano & ſes Eſtues dite Suda-
toire & fumayole eſt tout contre ce lac, du coſté & bout proche dudit chemin ou y a maiſons.

Grotte
del Ca-
gni, cel-
le dont
parle
Pline.

La grotta del Cagni ainſi ditte, & dont l'Autheur du liure dit que Pline en faict mention au
liure 2. chap. 90. & toute choſe viue qui y eſt
iettee meurt pour la mauuaiſe vapeur qui en
ſort, elle eſt cauee quatorze pans, large ſix, & de
hauteur ſept. Nous l'epreuuaſmes auec vn chié,
lequel y eſtant ietté y mouruſt preſque, & prop-
tement ſorty ietté dans le lac & retiré encor re-
print vie. La montaigne neufue que fut faicte

Le mô-
taigne
noneufue,
fait par
foudre.

en vingt-quatre heures par vn foudre & trem-
blement de terre, proche de la mer, delta Poſſoulo. Le mont de Chriſt ainſi dit du vulgaire,
tenant que noſtre Seigneur y paſſa deſſendant

aux enfers, pour estre proche de l'Auerno, & de la dessente aux enfers feinte ou
creue par les Poëtes Payens. Le lac Lucrino tant estimé des Romains pour le
lucre du poisson. Le lac Auerno, ou pro-
... a espelóque ou dessente aux En-
... e dans terre sous vn mont, enuiron cinq cens pas, & ne s'y peut aller
plus profond, estant la cauerne comblee,
& proche de la fin à droitte y a vne petite
dessente en caue, au bout deux chambres & bains, le ciel toutes petites pierres trauaillees à la Mosaicque, & ce n'est
point la cauerne ny habitation de la Sybille, & d'autre costé en marbre & en Jo-
mou est le temple d'Apolo. Le canal que
fit faire Neron voysin dudit lac pour y
pouuoir nauiger, les estuues dudit Neró,
La pallude à Cherrusia ou fleuue d'Acheron qui ce passe allant aux Enfers, disoiēt
les anciens, croyant que ce fut fleuue in-
fernal: maintenant dit Lago di Colluccia,
parce que les paysans y vont porter leurs
chaures & lins à murir & netoyer, qu'est
entre Cuma, & Misseno. Les bains de Ci-
ceró & Sudatorie de Fritolla presque en-
tiers guerissans l'ydropisie proche la mer
allant de Lauerno à Luccino. La Cité de
Baye ruynee des habitee en riue de mer,
ou pres sur vn mont y a forteresse gardee
d'Espagnols, ordinairemēt 60. soldats de
garde. Les viuiers encor à leur forme, des

Mont de Christ
erreur de l'en-
cien vulgaire.

Lac Lucrino &
c'est celuy dont
Pline feint la fa-
ble du Dauphin
& du garson.

Lac Auerno.
c'est celuy qu'õt
dit les anciens
que passāt oyse-
aux mouroiēt, à
cause de sa mau-
uaise vapeur pro
uenant des bois
d'alentour.
Canal de Nerõ.
La pallude Ache-
rusia, ou fleuue
d'Acheron, dicte
maintenant La-
go di Collucia.

Les bains de Ci-
ceron & Fritola.

La cité de Baye
ruinee edifiee
par Bayo compa-
gnon d'Vlisses.

poiſſons que y auoient les Romains dits des payſans Trugli. Les palais entres autres s'en recognoiſſent de C. Marius, de Pompeo, de Ceſar, de Piſone, de Mámea mere d'Alexandre Seuere. Les temples de Neptune, d'Hercules, venus, Diane La ville Baulli le port d'Agripina & ſa ſepulture. Le Circo dit des payſans Marché du Samedy, proche la mer morte. La Piſcine admirable, (ainſi ditte) ſous terre, ou ce deſcend par deux lieux à 40. degrez, à chaſque part regie & formee par piliers de quatre pans à tout carré, hautes de 25. eſlongnees l'vne de l'autre douze pans, ce ioignant en arcs, ayant de longueur cent ſoixane pas, & deux cens cinquante de largeur, fort clere, qui ſeruoit pour citerne ou conſerue d'eau aux Romains pour la cómodité de ſes armees nauales qui Hyueruoiét audit lieu. Les cēt chambres auſſi ſous terre à meſme fin. La ville de Seruillio Vacca. Le promontoire ou mont Miſſene. La grotta ou caue dragonaria, à my comblee, faicte faire par Nerō. Le port de Iullius. La mer morte, faire faire par Agripa & Auguſte, qui eſt ſeparé de l'autre mer, par vn chemin de terre de trois ou quatre cannes de largeur. Cuma ſur vn mont, lieu fort antique, deſmoly. La ſacree Selua de Hamy deſpeuplee, ou n'y a que des ruynes d'edifices, voyſin aux bains de Tripergoly. L'arco fellice, (ainſi dit des payſans) fort beau & rare, mais croit-on qu'il ſeruoit de porte à Cuma , & eſt ſouſtenu de belles collonnes. La grotta di Pretio , di pace, dire du vulgaire, qu'eſtoit vn paſſage de Cuma au lac de Luceino ſans monter ny deſcendre preſque toute ruynee. La grotta de la Sage Sybille Cumana ſous Cuma , ou y a vn aſſez beau frontiſpice de marbre , & preſque toute comblee : & ce n'eſt point la Cauerne qui ce voit à l'arriuee ſur le lac Auerno ou nous auons entré, qui ne ſeruoit que de paſſage ſous ce mont ainſi qu'eſtoit de couſtume par les enciens de Lauerno au lac Lucrino & à Baye La grotte de Naples à Poſſoulo, & la ſepulture de Virgile, ladite grotte cauee & trauerſant ſous vn môt au bout du bourg de Chiaye d'enuiron vn mil de long, & ſert de grãd chemin, & y peut paſſer trois charettes de front : l'ayeul de l'Empereur Nerua la fit faire , & l'Autheur en recite ces Vers d'vn Poete : *Viſcera quis ferro eſt auſu prorompere montis , Cautibus induris quis patefecit iter? Cocceium verum eſt Saxum montenque cauaſſe. Vanaque iam ceſſet fama Lucelle tua.* La au deſſus du mont eſt la ſepulture de Virgile , au bout & plus haut de laquelle eſt né ou l'on y a planté vn laurier. Toutes leſquelles antiques plus par-

La cité de Cuma ruynee, en ceſte ville mouruſt Tarquin ſuperbe le bois delicieux de Hami, c'eſt le lieu de la feſte dont parle Tite Liue.

L'arc felice. La grotta di Pietro, di Pace: mais biẽ pallais antiq. de Cuma au lac Lucrino, il iette mauuaiſes va--peurs.

Sepulch. de Virg. La grotte ou habitatiõ de la Sybille qui tourne vers Orient ſous Cuma, & dõt encor Virgile parle cõme de la Tiburtina à Tyuoly.

La grotte ou chemin de Naples à Poſſoulo, faite faire par Cocceius ayeul de l'Empereur

Nerua , du vulgaire ditte de Virgila, laquelle outre l'entree & ſortie à deux grands iours, vn à chaſque penſe de la colline.

ticulieres entieres & moins ruynees, non à leur
splendeur, i'ay voulu icy particulierement notter, instruict par la veüe & designation dudit liure, qui nous a tres bien seruy à ne manquer
rien à voir, delaissant de parler d'vne infinité
d'autres, & sans mettre nulles inscriptions pour
ne me rendre confus & reciter des choses ia im-
primees (toutesfois non en France) ne parlant
pour ouyr dire, ny pour l'auoir leu, mais pour
l'auoir veu.

Notte que le terroir de Possoulo est grandement subiect à tremblemens & souleuation de terre, par fou-
dres ou feux, tellement que en estant desia arriué beaucoup à ruyne, & ruyne tout ledit terroir & antiques,
& vient dit-on de la Solphatara & ses grottes, & a-
uec tel dõmage qu'il a fait autresfois deshabiter la cité.

N o v s retournasmes dudit Naples à Rome
par mer, & y fusmes dans quatre iours. Passames
à Gaiette & Ciuetteueché de la Romagne, cité
Euesché forte & ou le S. Pere tient ses galeres à
port & d'arsene à quarãte milles de Rome: Mais
nous fusmes curieux de voir bien Gaiette du
Royaume de Naples en port de mer, cité Euesché forte bastionnee & reuestue, situee sur vn
petit mont & au pied d'vn grand mont, qu'on a
mis encor dans l'enseint, bastionné & reuestu,
appellé el monte de la Sanctissima Trinita, ou
est son Eglise, & sur le plus haut vn fort formé
en vn seul grand rond comme tour, lequel mõt
commande la ville principalle qui est enseinte
de mer, & ou au plus haut y est le chasteau bien

Gaiette & Ciuetteueche.

Fortificatiõ de Gaiette

fort

fort à deux faces vne à la ville, & l'autre à la mer, & precipice de ce costé. Nous nous allasmes ietter effrontement à la porte dudit chasteau, parce qu'on nous dit que leans estoit la sepulture de Charles de Bourbő, & dismes que nous estiős la pour le voir, Gentils-hommes François curieux, & que nous auions tousiours esté du S. party Catholique, suppliant le gouuerneur de nous en permettre la veue: Ce qu'il fit & cómanda qu'on nous fit entrer dedans le premier flanc, ou sur le second à droite de l'entree nous vismes ledit sepulchre faict en oualle de marbre, regy sur quatre pieds de Lyon de porphire, & ceste inscription en lettre d'or, disant ainsi, *Francia ma datto la Lege. Spagna forzza auantura. Roma ma datto la morte. Gaietta la sepultura.* Nous en rendismes grand honneur & remerciement au gouuerneur, que nous croyons estoit en humeur alors, & encor pour auoir faict la guerre en France, mesmes dans Amiens, car il n'y entre personne qu'à grand difficulté & faueur, pour estre la clef d'Italie de ce costé, & du commencement la premiere sentinelle nous refusa à l'Espagnolle, & la bonne fortune fut que le Gouuerneur estoit au premier couuert de la garde, plus proche de la derniere porte.

Sepulchre de Charles de Bour bon.

Notte que Rome à esté prinse sept fois de diuerses natiős, & la derniere fut 1527. par l'armee de l'Empire, commādee par Charles de Bourbon, qui y mourust donnant l'escalade, & bien que aucuns ayent voulu dire qu'il a esté ensepuely à Rome, ső corps fut porté au chasteau de Gaiette, & la repose, ayant cherché tout Rome, & en campagne pour nous en asseurer Mirabilia Roma n'en faict point de mention.

A noftre retour & partance de Rome à Viterbe de la Romaigne, fur le grand chemin de Florence, à trante huiĉt milles de Rome, les aucuns en content quarante, cité Euefché fort antique, fituee au pied de la montaigne, ou à l'abbort du cofté de Rome vous auez le Conuent S. Dominicque, & auant dans la ville vne fontaine, vous deffendez bas à la place pauee de brique & pierre de taille ou eft le pallais du Gouuerneur, & à la fortie de la porte de Florence, dans la ville & deuant le chafteau qu'eft à gauche vne fort belle fontaine.

Viterbe.

REDECOFFANI, le premier lieu de la Tofcane de ce chemin, forterefle fituee fur vn haut mont plus efleué que tous les autres, le village fous le fort du cofté & tournât au midy. La nature mefme la formee inexpugnable, plus long que large fur vn rocher ou y-a habitation, & murailles deuers Florance plus bas que du roc, vn baftion reueftu de murailles, côtre quelques maifons qu'il y a de ce cofté, nous en parlons pour eftre forterefle de frontiere & du grand Duc.

Redecofani.

Naturel le forterefle.

SIENE, Citté Euefché bien antique, & iadis republique de la Tofcane, au grand Duc, fituee entre pays boffu, & la ville de mefme. Ou vous y auez vn Domou & fon clocher ornez dehors & dedans de marbre blanc & noir, à neuf degrez pour monter à l'Eglife, & marchepied large, à chafque bout duquel eft vne colon

Siene.

Le Domou.

ne au deſſus vne louue & deux enfás qui deno-
tent Romulus & Remus fondateurs de la cité.
& neantmoins pour auoir eſté nourris d'Accalarentia Etruſque. Il eſt orné de force belles colonnes, les vnes canellees , les autres en feuillages, images taillees en maintes façós. Il y a trois
gráds portes le ſueil de porphire, le haut à beaucoup de formes piramidales, vn grand iour au
deſſus de la grand porte de meſme que l'autre
bout, Le paué tout de marbre, par lequel en taille eſt repreſenté le vieux Teſtament , les Sybilles & autres ornemens. A l'entree de la porte
& dans l'Egliſe à coſté les Papes Pius 2. & Ale-   *Pius 2.*
xandre 3. releuez en marbre auec colonnes &   *Pape de*
embeliſſement. Le ciel en champ bleu parſemé   *Siene*
d'eſtoilles dorees, & à l'entour des voutes deux   *fut 1458*
rangees de piliers qui les forment, au deſſus deſ   *Alexan-*
quelles tout au long & entour de l'Egliſe y ſont   *dre 3. de*
rangez taillez & repreſentez depuis l'eſtomac   *Siene*
en haut tous les Papes qui ont eſté, en habit pó-   *fut 1159*
tifical: & les Empereurs: Plus bas contre des piliers les douze Apoſtres, releuez de ſa grandeur
en marbre. Il y a vn domou au deuant du tabernacle regy ſur ſix piliers, au chapiteau & cy-
me deſquels à chacun y a vne eſtatue taillee
repreſentant ſaints perſonnages. Au deſſus deſdites voutes & piliers tout à l'entour dudit domou , ornement de petites colonnes de marbre
auec quelques iours & images peints, & la couppe eſtoilles dorees , & au bout vn grand Soleil,
& au deſſus d'yne des voutes du coſté & deuát
le tabernacle, la Vierge Marie & Anges tout à

l'entour, releuez dorez reprefentant comme elle fut portee au ciel. Et le reftant des piliers de
la grand nef, & contre en mefme lieu que les A-
poftres, à chacun d'iceux vn Ange de bronze en
nombre de huiɑ. Ledit tabernacle de bronze
fort efleué, noftre Seigneur au bout, & quatre
autres Anges le tout de bróze. Le chœur de l'E-
glife tout à l'entour du tabernacle, ou d'vn cofté font les orgues, & de l'autre le Pupitre pour
les muficiens tout de marbre, ou eft reprefenté
plufieurs aɑes du nouueau Teftament, regy &
efleué fur neuf collonnes, huiɑ à l'entour, vne
au mitan, quatre defquelles font appuyees fur

Pallais vn Lyon chacune. Le pallais du Duc & l'hof-

Hofpital pital au deuant de ladite principalle entree de
l'Eglife. Au deffous du Domou & en tefte du

Les fôts corps de l'Eglife, eft vn autre beau frontifpice,

baptif- & trois portes, ou font les fons baptifmàles : le

males. baffin defquels eft decoré tout à l'entour de tableaux de bronze en perfonnages releuez reprefentát quelques aɑes du nouueau teftament
tefmoins du Baptelme, & en fix cantons vn per-
fonnage auffi de bronze, & au mitan en forme
de tabernacle marbre à l'entour, imáges taillees
& fix petits Anges de bronze, & au plus haut S.
Iean Baptifte: Bref pour n'eftre des plus grands
c'eft le mieux orné & le plus beau d'Italie. La
ville toute pauee de brique & de belles tours
parmy la ville: Et encor à l'enfeint de fes murail-

La place les beau antique. Au mitan d'icelle vne belle
grand place formee en coquille, qui s'efpuife par
la tefte d'vn grand Lyon de marbre qui eft au

marché, pres du pallais Papal de cafe Picolomi- *Pallais*
ni, qu'eft au bout &!plus bas de ladite place, au- *de cafe*
quel pallais à vn canton y a vne haute tour *Picolo-*
des plus efleuees qui ce puiffe voir, y eft l'orlo- *mini.*
ge, & au deffous dudit orloge vne noftre Dame
fouftenue de colonnes & clofture de petits piliers tout de marbre: A droit de noftre Dame &
à l'autre canton du palais vne collonne au deffus vne Louue qui allaiɗe deux enfás tout doré.
A l'oppofite dudit pallais vne fontaine, ou y-a *Fôtaine.*
vn grand & large baffin, en forme prefque carré, en face quatre coupes chacune vn canô d'ou
fort de l'eau, & au deffus vn enfançon, tout à
l'entour perfonnages releuez de marbre. A la- *College*
dite ville y-à college de Thodefques, que y ont *Thodef-*
grand priuilege. Encor Citadelle forte baftion- *que.*
nee reueftue de bricque & pierre de taille du
cofté de la Tofcane voyant vers Pife, & fortant
pour aller en Florence ce voit à gauche.

FLORENCE, Fleurence, ou *Fiorēza*
Firence comme l'efcriuent les I- *1530.*
taliens, Duché de la Tofcane ou *fut pre-*
Etrufques, enciennement diɗs *mier*
Volfques, du temps qu'ils eftoiɛ̃ *Duc de*
fous Tullus, & mefmes comme il eft dit au fie- *Florēce*
ge de Rome par Coriolan qu'ils honnoroient *Alexan-*
comme bien-faiɗeur. Situee en plaine qui a *dre de*
vingt-cinq milles de lóg, & aupres de ville deux *Medicis*
de large, & du cofté de Piftoie grand chemin *fes ar-*
de Lucques plus de huiɗ: toutesfois la ville du *mes font*
cofté de la Romaigne, fous le pied de collines *fix pom*

cultiuables , & plaine de belles maifons. Sans qu'on le die elle eft Cite Archeuefché, forte bien muraillee & baftiónee reueftue aux principaux flancs & neceffaire de la ville , trauerfee d'vne riuiere nommee Arno, fur laquelle y a quatre beaux grands ponts, d'vn defquels & de celuy ou font au deffus báquiers & orfeures, ce voyét tous quatre. Le grand Duc y-a trois citadelles fortes baftionnees reueftues, deux fur monts, toutesfois ioignant l'enfeint de la ville du cofté de la Romaigne, l'vne qui ce ioinct à Pitou nommee Belueder, l'autre plus della du cofté de la riuiere S.Mignato, & la troifiefme encor contre les murailles à la plaine & autre bout de Florence ditte Citadella Vecha. Les rues grandes belles larges & longues pauees de beaux & larges cailloux & force beaux palais, peu pl° hauts les vngs que les autres. Le Domou dela la riuiere du cofté de Boulongne , c'eft a dite dans l'autre moitié de ville. Le dehors tout marbre blanc & noir, y a vne grád nef à la tefte en croix, vn domou & vn demy domou de chafque cofté. Le chœur eft formé en rond droit de la coupe tout marbre fait à iour & colónes. Ladite coupe du Domou toute peinte reprefentát le Paradis & l'enfer. Hors & feparé de l'Eglife le clocher tout le dedás bafty de pierre de taille, & le dehors de marbre blanc & noir, parfemé de quelqs eftatues releuees en tableaux & figures du vieux Teftament : ledit clocher en forme carree, les quatre cantons faconnez comme petites tourrettes de haut en haut. Les fonts baptifmales auffi fepa-

mes vne & la pl° haute en cháp d'azur & trois fleurs de lis fur icelle.

Les trois citadelles de Florēce.

Le Domou.

Le clocher.

Les fóts batifmales.

rez de l'Eglife, tout à l'oppofite de la grand por
te en forme ronde , le dehors en mefme façon
que le Domou, couuerte de piomb, & le dedans
peint à la Mofaicque , par ou eſt repreſenté les
deux Teſtamens, y a trois gráds portes de bron
ze, ſon ſueil & lintau de mefme , leſdites portes
en boſſe repreſentant encor du vieux Teſtamét.
L'Eglife, le clocher , & les fonts feparez l'vn de
l'autre,& de tous autres baſtimens. Proſque au
mitan de la ville, dudit coſté du Domou , eſt le *Palais
maiour.*
Pallais maiour en forme carree , toutesfois plus
long que large baſty de groſſes pierres de tailles, ou vous y auez vne belle gallerie toute peinte & ciel doré & maintes eſtatues. La garderobe
du Duc bien notable , la Sallette ainſi nommee
toute peinte & où ſont releuez en marbre blác
les douze vertus, d'Hercule, a l'entree vne fontaine à vne petite baſſe cour. Vne grand tour du
coſté de la place ou eſt l'orloge. Sur le canton
dudit palais & à la place vne belle fontaine à *fótaine*
maintes eſtatues formee en rond, quand au baſ-
fin en pluſieurs deſtours, au mitan dudit baſſin
vne grand maſſe de marbre carree, où en face y
a quatre cheuaux qui ſemblent eſtre à la nage
dans l'eau dudit baſſin , aux deux autres faces
vne roue de chaſque coſté, & de l'autre vne face
qui iette eau par les deux naſeaux. Au deſſus en
la mefme maſſe force figures de poiſſons, teſtes
de beſtes , & coquilles: & entre autres quatre
grandes qui font le carré de ladite maſſé ioin-
tes l'vne à l'autre au deſſus deſquelles y a vn
grand geant ou Neptune, entre ſes cuiſſes trois

hommes depuis le genouil en haut, & fes iambes confufes, entortillees en forme de queuë
de poiffon comme roche, chacun d'eux tenant
en fa main & en la bouche vne corne, au bout
de laquelle vne coquille, d'ou il en fort à chacune trois petits conduits d'eau. Ledit baffin
rond en diuers carres, à quatre endroits principaux à chacun defquels fur du marbre efleue y
a vne eftatue de bronze appuyees chacune fur
vn Dauphin, & à cofté d'icelles vn petit plus bas
vne eftatue de chafque cofté, dont quatre reprefentant Satyres, & les autres quatre harlequins
ou faquins fe contrefaifans, bref y ayant en bróze douze grandes eftatues & quatre Dauphins,
tous gros. A chafque defdites eftatues y-a au
deffous deux enfançós qui femblent regir ledit
fiege : ornez au deffus de leurs chefs de maints
petits animaux. Lefdites quatre eftatues affifent
reprefentent vn vieillard & vn ieune homme, &
deux femmes tenất vne d'icelle vn efcu en main
& l'autre vne coronne, ou y-a vne grand coquil
le au bout qui raye d'eau, les deux hommes fur
vne corne d'abondance, & le vieillard vne grẫd
corne & coquille au bout fortant d'eau : il y a
marchepied tout à l'entour & coquilles feruant

Le che-
ual &
homme
de bron
ze.

de baffin aux plus baffes eftatues, fermee ladite
fótaine d'vne grille de fer. A cofté d'icelle & fur
le miran de la place vne grẫde maffe de marbre
plus lốgue que large fẫs eftre creufee en forme
d'auualle, à laquelle y a quatre tableaux de bróze, à l'vn y eft efcriteau à la tefte faifant métion
de celuy qui l'a faicte eriger à l'hóneur de Cof-
me de

me de Medicis premier grand Duc de Toſcane. *Coſme*
A celui du coſté droit eſt figuré lors qu'il fut fait *de Medi*
grand Duc à Rome par le Pape Pio, en perſóna- *cis fuſt*
ges releuez, & de l'autre à gauche vn char trió- *creé*
phant, luy au deſſus, auec maintes figures à che *grand*
ual & à pied. Et à l'autre bout vn autre tableau *Duc.*
de la felicitation, de la grandeur & nom de grád *1537.*
qu'il s'eſtoit acquis: & au deſſous de ladite grád *Frãcejɔ*
maſſe y eſt ledit Duc Coſme en eſtature repre- *qu'ajaie*
ſenté à cheual, le tout de bronze des plus gros. *faire vee*
Ledit grád Duc armé, botté eſperonné, eſpee au *euure &*
coſté, máteau en eſcharpe, le cheual ſellé bridé. *pire de*
Au deuár de la porte dudit palais y-a deux eſta- *noſtre*
tues qui ſeruent a y accrocher vne chaiſne au *Royne*
trauers de la porte : & tout au deuant & ſur les *fut creé*
degrez y-a deux grands maſſes de marbre, à l'v- *grand*
ne deſquelles à gauche vn Hercule qui aſſome *Duc*
vn geant auec ſa maſſe, & de l'autre coſté vn *1574.*
ieune geant. A coſté dudit palais y a vne loge & *Et de-*
quelques eſtatues, deux de bronze, chacune *puis par*
ſur vn grand pilier de marbre, dont à vne y-a *ſa mort*
vne eſtatue de ieune homme, auec l'eſcu à la *Ferdinã*
teſte & pieds, tenant à main gauche la teſte du *do regn.*
corps d'vne femme, qu'il a ſous ſes pieds, & de *auiour-*
l'autre main l'eſpee, eſtant ledit corps l'eſtomac *dhuy*
en haut, couché ſur vn carreeau à quatre flocs *creé l'ã*
& bouts, le tout d-bronze: audit pied de marbre *1587.*
y-a quatre petits perſonnages de bronze vn en
chaſque face. A l'autre pilier vne Iudic qui tran *La loge,*
che la teſte à Holoferne, aſſis ſur vn carreau auſ- *& eſta-*
ſi de bronze : Et l'autre qui eſt tout de marbre *tues.*
ſur vne maſſe, vn ieune Romain qui rauit vne

Y

Les offices des Iuſticiers. Sabine, & le vieillard entre ſes cuiſſes qui ſemble s'eſcrier. A droitte de la porte du palais vo* y auez deux grands cours: la face du logis regie ſur piliers & colonnes iuſques a la riuiere , qui forment côme vne place ou rue longue, la ſont les offices des Iuſticiers. Dudit palais maiour

Gallerie qui va du palais maiour iuſques à Pito. iuſques à Pitou, qui eſt dela la riuiere, & plus dela que du mitâ de l'autre part de ville, ou ce tiêt ordinairement le grand Duc: y-a vne gallerie trauerſant les maiſons de la ville , & ſur le pont des banquiers , par laquelle ſon Alteſſe va d'vn lieu à l'autre. Pitou eſt formé en trois corps de

Pitou pallais ou le grand Duc fait ſa demeure. logis, & vne grád baſſe cour, à la teſte muraille q ſerre leſdits trois corps & fait la baſſe cour carree côtre laquelle y-a des fontaines & portes pour aller au iardin, & à Beluedet fort tereſſe ou en cas de ſedition ou ſurprinſe le Duc ce peut ſauuer. Ledit Pitou baſty tout de groſſes pierres de taille.

La Nonciade. La Nonciade en veue du Domou: beaucoup reueree pour les grands miracles qui s'y font, on a pour le moins à cheual ou ſur pied deux ou trois cens perſonnages releuez ou en bois, cire, & carte ſans les iambes & bras. La prés & tout

Parc des animaux. de ſuitre du baſtiment du conuent eſt le reduit ou le grand Duc tient toute ſorte d'animaux, &

Egliſe S. Laurens & ſepulture des Ducs. y auons veu ſept ou huiĉt Lyons , & vn Tygre entre autre diuerſité de beſtes. A l'Egliſe S. Laurens prés du palais de Medicis eſt la ſepulture des Ducs: Son eſcurie prés la porte S. Gallò , au dehors d'icelle y a lieu pour batre cheuaux , & au mitan muraille qui ſert de barriere pour courre la bague. A la place S. Trinité la Iu-

stice en porphire sur vne colône. Al canton de
Carnasecou (lieu ainsi nômé) y a vn Hercule qui
tue vn Centaure auec sa masse, releuez & entail-
lez tous d'vne piece (beau chef d'œuure) sur v-
ne masse, le tout de marbre blanc, le Duc Ferdi-
nand regnant maintenant l'a fait faire. Nous y
arrestasmes six iours, côprins vn que nous em-
ployasmes à aller voir Pratolino, palais & iardin
de plaisance du grâd Duc, à cinq milles de Florence, à costé droit du chemin de Boulongne,
lieu le plus rare de l'Europe, ou il n'y-a rien qui
ne soit erigé auec Philosophie, ainsi que tesmoi
gne le liure sur ce faict & dedié au grand Duc
Francesco, pour la memoire & louange de son
œuure, par M. Francesco de Vierri, dit il Vernio
second Citadin Florentin. Pratolino situé sur le
valon de colines arrosables, couuerte d'vne infinité de differends arbres, ou entre autres choses rares & presques incroyables, y est dressé le
mont Parnasse, auec les Muses, & le cheual vo-
lant, au dedans des orgues & instrumens qui
iouent en musique, madrigalles & chansons. En
vn autre lieu, & dans le mont feint Apenin des
oyseaux diuers sur arbres qui chantent aussi diuersement. Sous la grotte du palais le dieu Pan
qui ioue de ses flaiollets à huict en main. La
Nymphe Galeatte qui sort d'vne cauerne auec
sa cruche, & s'en va puiser de l'eau à vne fontaine, & s'en retourne encor en son habitation. Vn
Ange qui trompette. Vn paysan qui donne à
boire à vn Dragon. Des Chasseurs & chiens qui
poursuyuent de chasse en courâr, toutes lesquel

La place saincte Trinité.

Carnasecou.

Pratolino pallais de plaisance.

Mont Parnasse.

les chofes iouent, chantent, abayent & courét
refpectiuement fans que nul touche, donne vét
ny y mettre lors la main: ains tout par reffors &
force d'eau. Il y-a beaucoup d'eftatues qui font
de fontaines en abondance, toutes de marbre.
L'eftatue de Iupiter fur le plus haut du iardina-
gé. Vn laberinte de laurier qui en a quatre dedans. Vn geant ou Colloffe de grandeur de 60.

Mont
Apenin.

bras, faict de pieces de pierres feint pour le mót
Apenin, regiffant iceluy, & ietté eau en abondance dás vn pefquier ou viuier de poiffon fait
en forme de theaftre, au pied duquel y-a vn pré
orné de treze eftatues de chafque cofté, meflees
auec quatorze piramides auffi en chafque endroit, couuertes de lierre. A droitte en defcen-
dant vn petit temple fait en Domou pour y dire la Meffe: & pres vne grotte ou caue ou y-a v-
vne Ourfe & fes petits qui iette eau. Le palais
du grand Duc en nombre de cent chambres &

Pallais.

deux falles, & de telle façon bafty que les degrez
vont par tout le palais fans occuper nulle chambre. Au dernier dudit palais & comme vne petite baffe cour vn pré ou y-a vne grotte & plufieurs fontaines, & deffendu d'iceluy par degrez
à droit y-a vn grand chemin à cinq cens pas de
long, lequel plus s'eflongne du palais plus pēd,
& fi doucement qu'on ne s'en prend gárde, & a
trante fontaines de chafque cofté, lefquelles a-
uec grand & doux murmure verfent eau l'vne
à l'autre: Au bout vne fotaine fortant des mains
& draps d'vne eftatue de marbre d'vne lauan-
diere qui a en fes pieds vn enfançon qui iette

eau par la verge, à costé gauche d'icelle est ledit
mót Parnasse, & remonstât audit palais à droitte
viuiers de poissons de diuerses sortes : Apres &
plus haut vne fôtaine, auec beaucoup d'estatues
au dessus tout serré & muraillé le ciel couuert
d'vn rets de fer, l'oyselerie, arbres fôtaines, grottes, & force sortes d'oyseaux dedãs : & sur ladite
oyselerie le iardin secret, auec fontaines redres-
sees en pierres fines & colonnes de porphire : &
encor dessendant de l'autre costé du palais vne
fontaine qui sort de la bouche d'vn geant abon-
dant d'eau à plus de cinquante viuiers de poisson de l'vn à l'autre. La fontaine rousse : vne autre qui sort aupres d'vn paysan d'vn canon de
boutte, & vn flascon aussi qui raye, & pource est
ditte, *La fonte del fiasco.* La grotte de Cupidon qui
plaint son arc rompu, qui iette eau & tourne
rôd, & des engins sur la porte & des sieges leans
à faire mouiller par surprinse, & infinité de choses notables aux fontaines dessous la pallais &
de l'Apenin, ou n'y-a faute de diuerses & riches
coquilles, & toute sortes de poissons de mer, nacre corail pieces d'albastre & de marbre, côme
glaçons du porphire, iaspe agate & choses pré-
cieuses dignes des princes. Tables à manger,
lieux pour rafraischir le vin, lieux encor pour
ce lauer en esté, grotte qui semble tomber
toutesfois tres forte : Bref trop long à reciter.
Nous y fusmes tout vn iour par l'expresse permission du grand Duc : car arriuez en Florence
luy allasmes faire la reuerence tres-humble.

*Côment
l'Auth.
eut per-
mission
de voir*

Pratollino, & notte aussi que pour voir les raretez de chasque

citté, il alloit librement faire la reuerence aux Princes Seigneurs
& ambassades, par la cognoissance desquels il a veu la plus-part
de ce qu'il escrit de rare & d'antique: car les grands personnages
d'Italie prennent plaisir de faire voir les singularitez de leurs
maisons aux personnes d'honneur qui les vont visiter & rendre
submission telle qu'il faut

De Rom à Loret-te à Na-ples, en Florēce, par tout chemin 50. lieux   De Rome à Florence, à Naplees, & à Lorette,
en chacun de ces trois lieux y a cinquāte lieues,
le chemin de Naples plus beau que tous, grand
espacieux & droit, celuy de Lorette la plus-part
entre montaignes & colines, & de Florence en
colines & petites plaines, & en tous lesdits chemins; ce va en carroce, & fusmes dans cinq iours
& demy audit Florence en carroce.

Pistoia.   **P**ISTOIE, Cité, Euesché en Toscane du
grand Duc, muraillee & bastionnee aux câ-
tons & flancs de la ville requis, situee à la plaine peu distant des monts à 25. milles de Florence & autant de Lucques. A droitte de la porte
entrant du costé de Florence chemin tout en
belle plaine, y-a citadelle bastionnee reuestue
de brique, fossé contrescarpe tout à l'entour.

Lucques

Fortifi-cation.   **L**VCQVES, en Toscane. Seigneurie, sous la
ptection de l'Empire, cité Euesché des plus
fortes & fortifiee en tout endroit, bastiónee reuestue de bricque, terre plain fossé, & de lōg des
lices & pied des bastions arbres & herbes cóme
prairies, sēblāt à l'abord de loing quelque beau
parterre, parce qu'on ne descouure nul basti-

ment, & feruiroient au rampart d'vne brefche
au dehors du vuide & fans arbres ny baftiment
vn mil. En entrant à la ville,à gauche, & vn peu
aduancé dans icelle à l'oppofite de l'Eglife noftre Dame le pallais de la Seigneurie,& plus auāt
la place ou eft l'Eglife de l'Ange S. Michel. Le
Domou d'autre cofté & canton de ville tournāt
à Piftoye de marbre blanc & noir affez beau.
Nous logeafmes à la cloche pres de ladite place,
la ville eft affez grande & en belle plaine, à dix
milles de Pife. Les forains & eftraugers entrēt
tous par vne porte, & encor fortent par celle-la
mefme,& ainfi en eft de ceux de la ville. Ils font
grand garde, & creent vn Preteur de deux en
deux mois fans point de Duc, & douze Sena-
teurs.Leurs armes eft la Liberté.

Pallais
de la Sei
gneurie
Domou.

Rufe en
la garde
des Luc
quois.
Armes
de Luc-
ques.

PIZE, en Tofcane du grand Duc, cité Euefché forte & muraillee, fituee en belle plaine,
au mitan y paffant la riuiere de Florence, fur laquelle y-a trois ponts, & de long de la riue d'i-
celle & bout de ville l'arcenac des galleres, &
ou ce font dudit Duc. Le Domou de marbre a-
uoit efté bruflé & le racommodoient. Les fons
baptifmales feuls feparez fait en domou. A l'oppofite de la grand porte de l'Eglife, & à la tefte
quelques pas feparé le clocher, fait en rōd tout
de marbre, galletie fur gallerie de haut en haut
de colonnes de marbre par dehors. Il pend fept
coudees du cofté de la ville, femblant qu'il veut
tomber. A cofté l'Eglife en vn lieu fort long appellé Campo-Sancto,tout couuert de plomb, la

Pize.

Ponts.

Domou

Fōs bap-
tifmales

Le clo-
cher pēd
sept cou-
dees.

ville plus grande que Lucques , non tant peuplee, vafte & antique, d'affez belles rues , & des proiets de maifons aduancez fur colonnes & piliers, y a college & vniuerfité.

Ligourne.

LIGOVRNE, en Tofcane du grand Duc, fituee en plaine riue & bon port de mer, bien forte baftiōuee reueftue de bricque & pierre, y a ville vieille & ville neufue, maifons prefque toutes efgalles, belles larges rues de la grandeur de Tholō. Citadelles ou chafteaux pour le grand Duc, d'arfene pour galeres, & barques ce fermant à clef à la pointe du chafteau du port auec la muraille de la ville fur la mer de ce cofté qui la ferre , auec fa lanterne feule dans la mer. Nous nous embarquafmes la pour Genes.

Aduertiffemēt des fix villes principales d'Italie.

CE font toutes les villes & cittez plus notables que nous auons veu en noftre voyage, & fera marqué que comme par prouerbe les Italiens , & encor l'opinion de beaucoup de François, dient que qui va en Italie & ne voit les fix villes cy apres nommees, en laiffāt vne laiffent tout & ne voit rien , & les veyāt toutes fix peut dire auoir veu toute l'Italie, ce qu'eft verité : car en celles-cy vous voyez toute l'Italie, ainfi que dās le miroir, & le but des prouinces d'icelle: bien que en autres lieux ou nous auons efté y ayt des chofes rares & remarquables, Or donc ce font les fuyuantes , auec leur

Epitetes de Genes Millan.

deue & iufte Epithetes: *Genoua la fuperba. Millano lo grando. Venetia la Ricca. Roma la fancta. Nappoli gentille.*

gentille, & Fiorenza la bella. Car il n'y-a rien de
plus superbe au bastiment que Genes. Milan
fort grand, à douze milles de tour bien peuplé.
Venise la plus riche cité du monde. Rome la
plus saincte, pour le nombre infiny de corps
Saincts, & residance du S.Siege. Naples gentil
& agreable, situé en beau & delicieux pays, &
port de mer. Florence tres-belle, soit pour estre
situee à vne belle campagne, que pour estre tra-
uersee de ceste riuiere, les beaux ponts, places
bien ornees, & palais esgaux: bref ce tiltre & hôneur leur appartient iustement. Il y-a vne particuliere forte place erigee en Marquisat à la pro
uince de Lombardie appartenant au Duc de
Mantoue, qu'est Cazal de Mont-ferrat, pour lequel il y-a quelque different auec le Duc de Sauoye. Pour l'aller voir estât à Pauie on peut pren
dre le droit chemin, & retourner se rendre à Milan, nous n'y fusmes point, ne voulant dire y a-
uoir esté, bien que ie sçache & suis informé par
gens mesme du liéu, & soldats encor qui y ont
demeuré en garnison, ausquels ie parlay à Mantoue de la particularité de sa sîette & fortification, ayant laissé d'y aller pour doute d'estre vollé à la naissance de nostre voyage & entree de
Lombardie, bien garnie de gens de tel mestier
　　qui ne doiuent rien à ceux de Naples:
& aussi afin de ne perdre le temps, & ne mâques
par ce moyen de voir les iours & festes solemnel
les que nous auions desseigné: toutesfois en venant du costé du Piedmont cela ne destourne-
roit rien, puisque au retour & fin du voyage on

Venise.
Rome.
Naples.
Florêce.
Auec la
raison
pour-
quoy.

Cazal
de Mont
ferrat.

pourroit voir Genes. Or cefte place eft fituee en plaine & proche des collines, y paffant le Po deffus, par lequel en barque on pourroit venir à Pauie, y-a citadelle qui n'eft guieres moins forti fiee que le chafteau de Milan en baftions foffez contrefcarpes, cafemattes reueftements & autres fortifications, & de l'eau du Po s'en peuuét feruir à commodité, c'eft forterefle ou il y demeure quatre milles hommes en cas de fiege & plus s'il eft befoin, & y faut deux armees. I'en ay voulu dire ce que i'en ay apprins, pour faire fça-uoir à chacun qui le voudra voir qu'il le peut faire, & que nous fçauons fort bien qu'il eftoit d'importance, & en reputation parmy les Fran-çois. En Italie y-a beaucoup d'autres petites ci-tez & places comme celle-la, & fortifiees, qui feroit trop de curiofité, & fans contentement de les rechercher, fuffira de cefler, que ie marque qui ne deftourneroit la veue des feftes folem-nelles, ou y-a dauantage de delices, moindre incommodité & danger & mefmement en fi bref temps, eftât party & embarqué au premier de Mars, & arriuez fur la fin d'Aouft au pays, & pour eftre irreprochable à mes efcrits, voicy le fommaire difcours du chemin que nous auons tenu.

S'enfuit le chemin tenu que i'ay voulu mettre en bref.

Che-
mins te
nus &
inftru-
ction ne
ceffaire.

ET pour tefmoignage de noftre voyage & veue des villes d'Italie, & encor pour l'in-ftruction d'autres qui en pourroient prend le

mefme deffein, bien que arriuez à Genes ils re-
couureront le liure des poftes, lequel toutesfois ne parle que des grands chemins, comme
de Genes à Rome, à Naples, à Milan, à Venife,
à Boulongne, Ancone & autres grandes citez.
Ie parleray le plus fommairement que ie pour-
ray, du chemin par nous tenu, pour voir & ne
manquer les villes notables & iours folemnels
d'icelle. Ceft aduertiffement donc feruira de
vraye & affeuree guide, & particulierement à
qui voudra voir lefdits iours, partant au temps
que nous partifmes, faifant la mefme diligence, *Chofe*
& tombans neantmoins les feftes aux iours *notable*
que l'an fix cens : Ou a commodité qui nous *& quel*
vint tres à propos pour l'efpace du temps de *le incõ-*
l'vne à l'autre: car cefte annee fix cens vn, on ne *modité*
pourroit voir les Pafques à Milan au 22.d'Auril, *ou moyé*
& la S. Marc à Venife au 25, & entre les deux *de voir*
iours: voir les villes de fuitte que nous auons *les fe-*
veues, & ce rendre à Venife, & ainfi des autres *ftes fo-*
feftes, qu'on pourra remarquer en l'Almanach *lénelles*
des heures & cours des mois: Car nous fufmes *d'Italie*
aux Rameaux à Genes, les Pafques à Milan, l'o-
ctaue, à Plaifance, la S. Marc & l'Afcenfion à *Chofe*
Venife, la Pentecofte à noftre Dame de Lorec- *notable*
te, La fefte Dieu à Rome, l'octaue à Naples, & *des iour*
encor à Rome la S. Iean & la S. Pierre. Ce que *& feftes*
nous n'aurions peu cefte annee, ayant vifité l'I- *veues*
talie tout de râg & de fuitte, & ne plus ne moins *par l'Au-*
comme nous auons rangé les villes aux chofes *theur.*
notables. Et pource qui les voudra voir tiendra
le chemin fuyuant. Nousnous ambarquafmes à

Antibe pour Genes, d'ou ce conte 50. lieues, &
pour le mauuais temps nous falluſt demeurer
vn iour & vne nuiĉt à Ville-franche , d'ou nous
allaſmes voir Nice, & partis de la tout ce que le
patron peuſt gaigner fut Mourgues douze milles, ou couchaſmes en barque , car il n'y-a nul
logis. La nuiĉt & preſque tout l'autre iour nous
fit beſoin pour aborder à Saoune, d'ou par terre
nous nous rédiſmes à Genes, eſlongnee 30. milles. Or il ſe voit en riue ou proche de mer d'Antibe iuſques à Genes entre grand nombre d'autres villages Menton du Sⁿ de Mourgues, ou y-
a chaſteau, Vintemille premiere terre de la Seigneurie, S. Eſtienne, S. Laurens, S. Remond, Por-
tou Mauriſſo, Ounielle du Duc de Sauoye , Ar-
raiſſe, Arbengue & ſon iſle, Iuan du Prince Dorio, Fnial Marquiſat & citté qui eſtoit à l'Empire, ou ſur vn mont y-a vn fort chaſteau maintenant au Roy d'Eſpagne , Nolli ou y-a tant de
tours dans la ville. Breſezi, & ſon iſle, Saoune cité ou logeaſmes au chapeau rouge. Arbiſſolle,
Celli, Concereau, Outri, la Seruze, S. Pierre d'A-
rene , ou y a plus de mille pallais par la campagne des Genevois , qu'on ne ſçait iuger le plus
beau. A Genes logeaſmes ſur vn noſtre amy , y
fiſmes Paſques fleuries , & en partiſmes pour
Pauie & Milan en poſte , iuſques à Pauie de Genes à Milan 97. milles, paſſaſmes à Pontedierte
premiere poſte, Oĉtaze, Agay, derniere terre de
Genes, ou y-a chaſteau ſur vn mont. A Sarraual-
le premiere terre de Lombardie , la riuiere Eſ-
quinolla ſur barque. Tarronne cité, Pontecuro,

& vne riuiere ditte Curo. Voguere, & vn mil de
la fur vn pont vne riuiere nommee Eftafolla, &
à cinq milles de Pauie le Po, & encor fur barque
vne petite riuiere proche Pauie nommee Sa-
uolla, & le Thefin contre les murailles, fufmes
le Ieudi S. audit Pauie, logeafmes au Faucon, à
la place du palais, qui eft vis a vis, en partifmes
pour milan qu'eft à vingt milles, & allafmes
voir la Chartreufe de Pauie, à cinq milles d'icelle, & à droit du grand chemin qui fe rend puis
à Binaque & dela à Milan, y fufmes les feftes de
Pafques, logeafmes au trois Roys, d'ou partifmes pour Boulongne, efloigné 125. milles, en
fuyuant le droit chemin. Paffames à Marigna,
ou y-a riuiere, fe paffant fur vn pont de bois,
appellee l'Ambre. A Lode cité à vingt milles de
Milan, difnafmes au Faucon hors de ville, paffant encor à Cafal derniere terre de la Duché de
Milan, & à Pombi premiere de la Duché de Parme, couchafmes à Plaifance au chapeau rouge,
des Milanois, à quarante milles de Milan, d'ou
par barque fur le Po allafmes à Cremone 18. *Dans le*
milles, & de-la à Parme 15. logeafmes aux cinq *Po, & en*
eftoilles dela la riuiere fur le bout du pont à *ce che-*
gauche, & de la allafmes coucher à Modene Du- *min ce*
ché trante milles, paffant vne riuiere appellee *voit l'if*
Lanffa, fur vn pont à vingt-trois arcades qui fe- *le à be-*
pare les Duchez, difnames à Regis cité, à la Ro- *aucoup*
biere fort lieu, & vn mil de la vne riuiere en bar *d'arbres*
que ditte Secha, à Modene d'ou allafmes à Bou- *ou Oɛta*
longne, eflongnee vingt milles, paffant vne ri- *uius Ce-*
uiere Foffalta fur vn pont, & à trois milles de *far Marc*

Z 3

Antoi-ne & Le pidus, furẽt 3. iours, pour re-foudre & s'ac-corder le parte ment de l'Empi-re qu'eſt le Triun uirat, dequoy vn Gen-til-bom me de Millan m'auoit dict de me pren dre gar-de.

Modene ſur barque autre riuiere qui ſepare la Duché d'auec la Comté de Boulongne , ou y-a vne tour, à Caſtelfranc à deux milies de Boulon-gne , la riuiere Reyno ſur vn pont à vingt-deux arcades , y arreſtaſmes quatre iours , logeaſmes au Lyon proche de la place. Partiſmes de Bou-longne pour Ferrare , trante milles, paſſant à 3. milles de la ville ſur vn pont d'vne ſeule grande arcade, le canal qui la trauerſe porte barque, à S. George, à S. Pierre de Caſal, ou diſnaſmes & cou-chaſmes à Ferrare au logis de la cloche, proche du chaſteau & bout de place du coſté de Fran-colin, à huict milles de Ferrare paſſames à deux, petits canals d'eau ſur ponts de bois , vne grille qui ſe ferme au mitan ſeparant la Comté & Du-ché, & apres force grands mareſcages, dudit Fer rare à Francollin 5.m. Ou nous embarquaſmes au matin ſur le Po , & dans vne gondolle qui y eſtoit de Veniſe, & y allaſmes encor coucher, y comptant 80.m. La premiere terre des Veni-tiens en ce coſté eſt Pollizella, paſſames à Lor-reo & y diſnaſmes, à my chemin, & 4.m. de Lor-reo ſe va ſur la riuiere Ladeze, venãt de Veron-ne 5.m. ſeulement, & puis par vn autre canal, & de la à la mer, paſſames à Chioſa cité 25. m. de Veniſe, & fuſmes à noſtre Dame qu'eſt ſur la ri-ue de mer. Et ſur le premier abord qu'on faict à Veniſe y a vne iſle & maiſons appellee Malla-moco , y ayant trois fortereſſes eſlongnees de l'iſle dans la mer vn mil. qu'eſt vne des bouches & entrees de Veniſe. Autre iſle S. Chriſtol , de Pouueilla, vn mil dudit Mallamoco , & proche

de ladite iſle à main gauche y eſt le dernier fort,
& à trois milles de la citté l'iſle & Conuent S.
Eſprit, & vn mil apres l'iſle & couuent S. Clemét,
& beau iardin, plus auant vne iſle & beau parterre de l'Egliſe S. Marie de Grace, & peu loing
l'iſle S. George maiour, & à gauche autre iſle &
maiſons, & tout à l'entour de Veniſe preſque
tout iſles comme cela. Priſmes chambre locan-
te à S. Luc, y fuſmes ſix iours auant S. Marc, &
& apres auoir veu la feſte, en partiſmes le lendemain, & y retournaſmes encor pour l'Aſcen-
ſion au 15. de May, trois iours deuant, & entre
ledit temps, fuſmes voir Padoue, Vincence, Veronne, Breſſe, Bargamo, Mantoue, & Lamirandolle, & au retour par mer Treuize. De Veniſe à
Padoue 25. m. ou allaſmes en barque, ſe paſſant
pres de Mouran, à Saffounia premiere terre ferme 5. m. ou fallut deſcendre, & tirerét la barque auec cheuaux, qui tournent vne roue à vn
canal qui vient de Padoue, arreſté par vn trauers de terre, & auec deux cheuaux la barque
trainee. De la à Dolle, ſe voyant en y allant deça dela du canal force beaux palais des Seigneurs de Veniſe. Audit Dolle y-a vn pôt à deux
arcades, & faut laiſſer ce canal & paſſer entre
deux portes, dás vn rond de murailles qui préd
vn bras d'eau, le plus ſubtillement accommo-
dé qui ſe peut dire à la riuiere de Branda, à laquelle entrant on continue à y marcher iuſques
à 5. m. de Padoue, qui ſe laiſſe, & ſe paſſe à vn
canal qui la trauerſe, & s'y entre auſſi par vne
porte. Couchaſmes à Padoue cité, & le lende-

main à Vincence cité 18 .m. paffant à Arleze qui
eft du Comte Atini Venitien, où y-a vn fort beau
palais, à droitte à Nouenta & fa riuiere, & 3.m.
de Vincéce fur vn pont à quatre arcades el The
ze, & dans la ville fur vn autre pont à quatre
arcades Baquion : & de la à Veronne 30.m. difnafmes à Ville-neufue la pluye tout le iour deffus, logeafmes au cauallato en veue de la place.
D'ou allafmes en pofte à Breffe cité 40.m. Car il
y-a doute de volleurs, & ne s'y va trop feure-
ment, & ne fe faut guieres arrefter, logeafmes
au Lyon, & allafmes encor, & retournafmes à
Bergamo en pofte 20.m. pour mefme fubiet, &
nous retournafmes encor par le mefme chemin
en femblable viteffe, bié marris de nous y trou-
uer, pour entendre dire tous les iours quelque
vollerie. Et eftant à Veronne allafmes à Mátoue,
24.m. paffant par ville-neufue dudit Mátoue encore bien vifte pour ne manquer à l'Afcenfion.
A Lamirandolle trente milles, & fe paffe à deux
petits villages, & retournafmes de rechef à Man
toue & Veronne, non par le premier chemin de
Ville-neufue, mais de Mantoue, à Caftrey Tre-
uizulla & Vigafio. Dudit Veronne à Vincence
& Padoue encore, bien que à tirer droit fut efté
plus cour, mais le chemin eft affeuré & frequér,
& ne fe faut pas efcarter ny laiffer tant qu'on
peut les grands & fort paffans chemins fur peine d'eftre enterré dans vn foffé, ou ietté dans vn
puis, ou pour le moins vollé, en font foy tant
de pauures François, & autres nations qui ont
paffé en ces cartiers, particulierement de Lombardie.

bardie:veu que mefme en plain midy à Cremou
ne vollerent la maifon d'vn riche bourgeois , &
font quelquesfois en troupe plus de deux cens
à cheual & pied , fans que le Roy d'Efpagne y
face bonne Iuftice, à la verité mauuaife au pays
d'Italle ou il domine s'y tuant des gens & des
plus gros tous les iours en plaine rue , & chafque bonne maifon tient garnifon d'eftafiers.
Or apres auoir veu l'Afcenfion , le Dimanche
enfuyuant nous embarquafmes pour Encone
225. milles,& arriuez à la tour de Rauene fur la
nuict, le temps fut contraire tout le iour d'ap-
pres,qui nous donna fubiect & commodité d'al
ler voir Rauene l'antique,à fept milles dans terre,par vn petit canal d'eau ou y va bafteau tiré
par cheuaux, qu'eft à cent vingt cinq milles de
Venife , & nous rebarquafmes iufques à Rimini,ou nous fufmes difner,à foixante cinq milles
d'Encone, & de la encor iufques à Pefero vingt-
cinq,ou nous defcédifmes au matin pour y eftre
arriuez de nuict & ne pouuoit entrer, & apres
auoir veu la ville prifmes, cheuaux pour Vrbin:
à vingt mille vers les môtaignes : ou arriuez fur
les vefpres & veu la ville, allafmes encor coucher à huict milles du mefme chemin à l'Hotel-
lerie, & lendemain repaffant à Pefero couchafmes à Senegaio , à 20.m.paffant par Fano citté,
& de Senegaio à Encone 20. m. paffant Elme-
ter riuiere fur pont de bois:& autre apres nommee Sezano, & la tour d'Encone. D'Encone allafmes coucher à Lorette quinze milles,paffant
par le chemin de Sirolles,& par confequent au-

ā

pres du Puy & de la Traue & mont, d'Encone
à Sirolles pour y voir là Crucifix. Nous fusmes
à Lorette tout le iour de la Pétecoste, & en partismes pour Rome cinquante lieues, bien qu'on
n'y conte que cent trante ou quarante milles
Romagnes. La premiere iournee à Beaufort 26.
milles, passant à Recanati cité, & 7 milles ioint
sur vn pont de bois la riuiere Podenza : & trois
milles de la Macheratta cité, dudit Macheratta
à Thiolentine cité ou y a riuiere, Tiente & pôt
& entre ses deux villes la plaine de la Roche,
ou à gauche du chemin & peu distant y a vn
seul chasteau de mesme nom, & audit Beaufort,
D'icelluy à Foullini cité, passant par Valchemar-
ta, & a deux ponts, à la Bourdeliere, Moucha,
Estraualle derniere terre de la marque d'Encone. A Monte-fiorier premiere terre de la Romaigne, Casenoue, & audit Follini 31. milles.
De la tout à vn iour allasmes & retournasmes de
Size, escarté du chemin de Rome à Lorette. 8. m.
passant par Espellou. Lendemain allasmes coucher à Narny cité 32. m. passant à S. Rechone,
Triene sur vn mont, à S. Iacomo à Espolitte, cité à la montaigne de Souma, al Valdestretomra, à
Terni cité, & hors de ville sur vn pont à trois
arcades la riuiere Negra, & proche de Narny v-
ne petite nommee Neya. Et de Narni à Castelnouo 27. m. passant par Tiuoly, & à 5. m. plus
dela proche du Bourgettole Tybre, premierement au vieux passage de la riuiere sur vn pont
de bois, la plus-part fait sur barque, & peu apres
sur vn grand & beau pont à quatre arcades qu'ô

a fait de nouueau, auec vn paſſage pour faire
paſſer toute la riuiere audit Bourgetto, & à deux
mi. vne petite riuiere ſur baſteau proche du Tybre nommee Trele, & de la à Rignac, & audit
Caſtelnouou, dudit Caſtelnouou lendemain à
Rome 15. m. & ce paſſe ſur le pont de la porte
de Populo. Quant au chemin de Rome à Naples
il eſt eſcrit auec les choſes notables, & chemin
du porcaiche. Celuy de Rome en Florence n'eſt
beſoin le marquer pour eſtre aux poſtes & aſſez
commun. neantmoins de Rome pourront aller
coucher à Viterbe, 40. m. de Viterbe à Redecofani, autant de Redecoffani à Sienne, & de Sienne en Florence, mais il faut eſtre à cheual. nous
fuſmes en carroſſe de Rome en Florence dans 5.
iours & demy, de Florence à Piſtoie, à Lucques,
Piſe Ligourne, c'eſt chemin qu'on ne peut mā-
quer, de Piſe à Ligourne nous allaſmes ſur vn
baſteau à vn canal, & y a 18. m. de Piſe à Lucques, paſſant ſur le mont 10. m. C'eſt tout le chemin que nous auons fait par mer & par terre, &
quant à Ligourne nous ambarquaſmes pour
Genes 120. m. & la premiere iournee fut à Lerge
du Genoüeſat à my-chemin, & lendemain ſur
fragatelle à la rame dans Genes, & encor de Genes par mer iuſques à Antibe, d'Antibe à Cotignac 15. lieues de Cotignac à Apt 13. Tellement
que ſoit a l'aller & au reuenir a noſtre maiſon.
Nous auons faict l'vn ſept cens dix ſept lieues,
& l'autre ſept cens quarante-trois ainſi que i'ay
bien compté, & encor marqué cy-deſſous : Car
de Cotignac à Genes 65. lieues, de Genes à Milan

*Nōbre
des li-
eues
qu'a
fait
l'Au-*

theat   30.lieues, de Milan à Boulongne 41.lieue 2. m.
an che- de Boulongne à Ferrare 10.lieues, de Ferrare à
min d'I Venife 28.lieues,vn m.de Venife à Bargamo 40.
talie a- lieues,de Bergamo à Mantoue,retournez par le
uec   fa mefme chemin de Veronne 26. lieues 2. m. de
preuue Mantoue à Lamirandolle 10,lieues,de Lamiran-
par la dole à Venife,retournez par Mantoue & Veron-
diftace ne 41.l.de Venife à Ancone 91. lieue 2.m.d'An-
des li- cone à Rome 55.lieues,de Rome à Naples & le
eux cy retour 100.lieues,de Rome en Florence 50.l.de
efcripts Floréce à Ligourne,paffant à Lucques 22.l.2.m.
de Ligourne à Genes 40.lieues,de Genes encor
a Cotignac 65.l. que font en fóme lefdites 717.
l.& dauantage d'Apt àCotignac,& le retour 26.
lieues,qui accompliffent le nombre de quarante trois pour l'vn.   Donne moy donc amy Lecteur courage par la douce reception de ce liuret,de commencer & mettre à fin quelque plus
grande vifite & meilleur œuure,que ie t'affeûre
feray auec l'ayde de Dieu , fi i'entends & reco-
gnois que tu ayes prins plaifir a ceftuy-cy , par
lequel en toure façon ie te defire tout heur,que
ie fuplie l'Eternel te donner & maintenir fous
l'aifle de fes graces. A Dieu

FIN.

Table de toutes les Villes plus notables d'Italie, selon l'ordre Alphabetique descrites en ce liure, & autres choses.

Fin.

Autre Table des choses plus notables contenues en ce liure.

A

Table des choses contenues

Cypres

ē

Table des choses contenues

Table des choses contennes

H

I

L

Table des choses contenues

Table des choses contenues

Port de

i

77

Italo Athlanté regna Roy d'Italie l'an du monde 2336.&
d'iceluy les Italiens ont prins le nom d'itallo:car anciennement eſtoient nommez Aborigenis & Siculi par Si-
celeo & autres predeceſſeurs Roys d'Eſpagne, pour eſtre
gens venus d'Armenie & d'Egypte, ainſi que parle la
principale fondation de Rome 46.

F I N.

www.ingramcontent.com/pod-product-compliance
Lightning Source LLC
Chambersburg PA
CBHW071948110426
42744CB00030B/637